PUBLICATIONS DE LA SOCIÉTÉ FRANÇAISE D'HYGIÈNE
ET DE L'UNION COLONIALE FRANÇAISE

MANUEL
D'HYGIÈNE COLONIALE

Multa paucis!

RÉDIGÉ PAR UNE COMMISSION DE LA SOCIÉTÉ

MM. V. MEUGY, E. MONIN, MOREAU de Tours, Ad. NICOLAS, DE PIETRA SANTA

RAPPORTEUR

D' Ad. NICOLAS

MÉDECIN DE PREMIÈRE CLASSE DE LA MARINE EN RETRAITE
MÉDECIN CONSULTANT A LA BOURBOULE

C. SIMON   S. HENRY
CHEVALIER   H. GOUDAL
COINDREAU   NAVARRE
F. ROUX   L. de SIERA
ROBLOT

LABOREMUS

PARIS

AU BUREAU DE LA SOCIÉTÉ   FÉLIX ALCAN, ÉDITEUR
30, RUE DU DRAGON, 30   108, BOULEVARD SAINT-GERMAIN, 108

1894

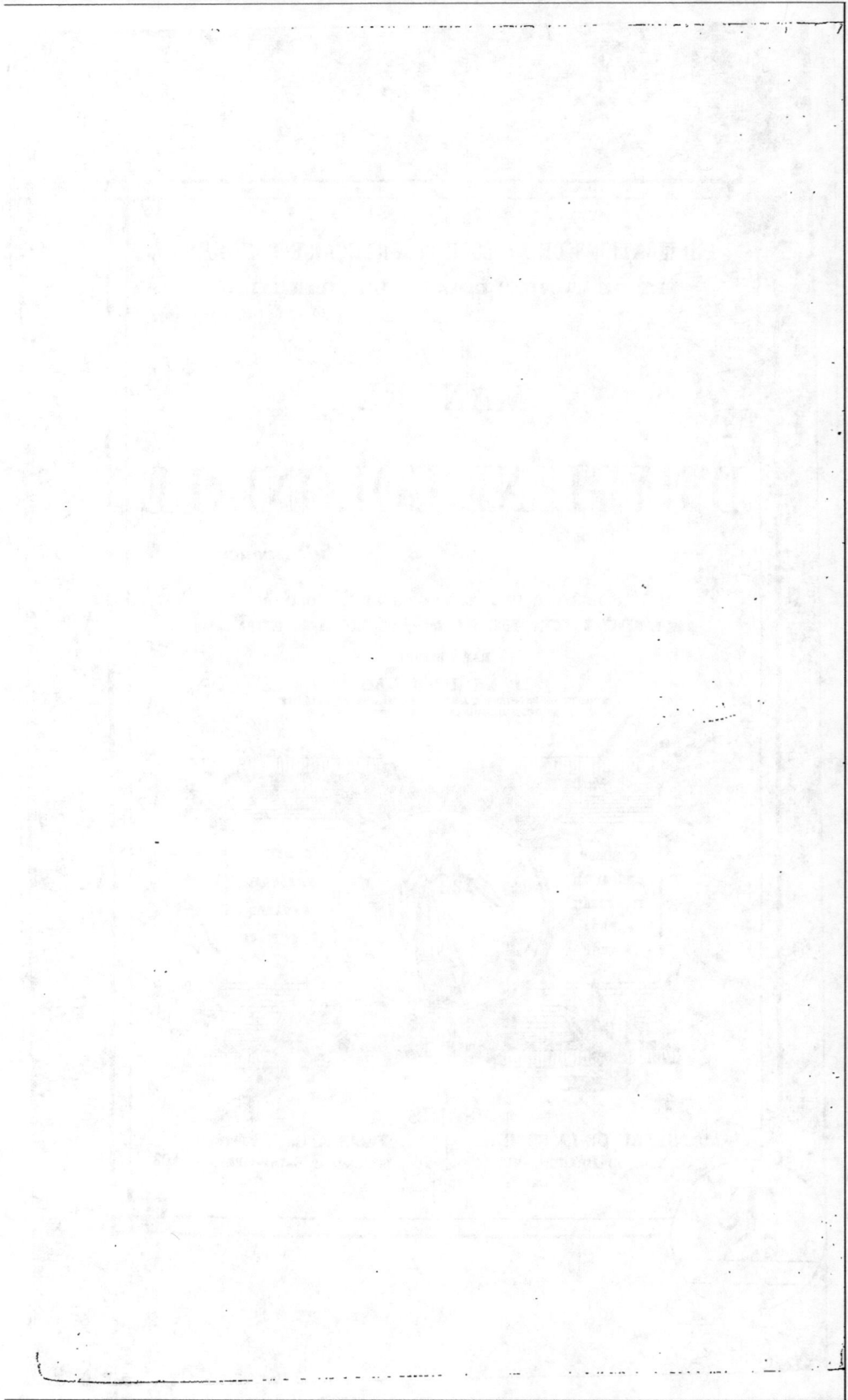

PUBLICATIONS DE LA SOCIÉTÉ FRANÇAISE D'HYGIÈNE
ET DE L'UNION COLONIALE FRANÇAISE

MANUEL

D'HYGIÈNE COLONIALE

Multa paucis!

RÉDIGÉ PAR UNE COMMISSION DE LA SOCIÉTÉ

MM. V. MEUGY, E. MONIN, MOREAU de Tours, Ad. NICOLAS, DE PIETRA SANTA

RAPPORTEUR

Dr Ad. NICOLAS

MÉDECIN DE PREMIÈRE CLASSE DE LA MARINE EN RETRAITE
MÉDECIN CONSULTANT A LA BOURBOULE

PARIS

AU BUREAU DE LA SOCIÉTÉ   FÉLIX ALCAN, ÉDITEUR
30, RUE DU DRAGON, 30   108, BOULEVARD SAINT-GERMAIN, 108

1894

AVANT-PROPOS

Répondant à un vœu formulé par notre regretté collègue M. le baron MICHEL, la Société française d'Hygiène avait mis au concours pour l'année 1893 la très importante question de l'*hygiène coloniale*. Le succès du Concours nous a prouvé que, malgré certains détracteurs de parti pris, le problème d'assainissement de nos colonies est un problème des plus accessibles.

Dix-huit mémoires ont été envoyés, et, nous sommes heureux et fiers de le constater, tous avaient une valeur réelle, et, pour employer une expression courante, tous *étaient vécus*. Le classement a été difficile et délicat. De simples nuances séparaient les mémoires et, c'est après une étude approfondie des Commissions chargées de l'examen de ces travaux, qu'a pu être opéré le classement des candidats.

La présidence du Jury d'examen avait été offerte à notre éminent maître, le professeur PETER, dont la mort laisse un grand vide parmi nous. La Commission générale fut divisée en trois sous-commissions ainsi composées :

Première sous-commission : M. Ladreit de Lacharrière, président; Dr Monin, secrétaire; MM. Besdel, Blache, Degoix, E. Goubert et Wickham, membres;

Deuxième sous-commission : M. Ém. Cacheux, président; Dr Moreau de Tours, secrétaire; MM. de Backer, Blayac, F. Bremond, Foveau de Courmelles et L. Martin, membres;

Troisième sous-commission : D^r Ad. Nicolas, président; Dr Victor Meugy, secrétaire; MM. Decourtis, Goureau, Joyau, Philippeau et Vacherot, membres.

Tout le travail d'examen, d'élimination et de jugement, a été effectué d'après les principes établis par les précédents Concours.

Qu'il nous soit permis de remercier ici tous les concurrents sans distinction de vainqueurs ou de vaincus, au nom de la Société française d'Hygiène, de porter haut et ferme notre fière devise : *Laboremus.* Nous tenons également à remercier notre très cher Président, M. le Dr Péan, qui avait offert une médaille d'or et deux médailles d'argent, et le Comice agricole de l'Algérie qui avait mis à notre disposition une médaille d'argent pour récompenser l'auteur du meilleur mémoire sur l'hygiène coloniale dans l'Afrique du Nord, en Algérie et en Tunisie. Ces encouragements, des plus précieux, prouvent bien l'importance qui s'attache à toutes les questions qui regardent la colonisation.

Les lauréats du Concours ont été :

Médailles de vermeil *(ex æquo)*.

M. le Dr Charles SIMON, médecin de 1re classe de la marine au Tonkin ;

M. Édouard-Georges HENRY, agrégé de l'Université, professeur de sciences naturelles et d'hygiène au lycée de Lorient.

Médailles d'argent.

M. le Dr CHEVALIER, médecin de 1re classe de la marine à Rochefort ;

M. Hippolyte GOUDAL, pharmacien à la Ferté-Milon (Aisne) ;

M. le Dr COINDREAU, médecin-major à la Roche-sur-Yon (Vendée).

Médailles de bronze.

M. le Dr NAVARRE, ancien médecin de la marine (Lyon) ;

M. le Dr Fernand ROUX, ancien médecin de la marine (Paris) ;

M. le Dr ROBLOT (Charenton, Seine) ;

M. le Dr Fernando LEAL DE SIERA à Villa Verde, Espagne.

Fidèle à ses traditions, la Société s'était réservé le droit d'utiliser tous les mémoires envoyés au Concours, pour confier à l'une de ses Commissions la rédaction du *Manuel d'hygiène coloniale* actuel, qui devient ainsi une œuvre collective.

L'Union coloniale française a bien voulu nous prêter son concours de vulgarisation, et nous donner ses encouragements, en admettant ce *Manuel* au nombre de ses intéressantes publications.

Paris, avril 1894.

Le Secrétariat.

MANUEL

D'HYGIÈNE COLONIALE

RAPPORT DE LA COMMISSION (1)

A l'heure où nous sommes, l'hygiène coloniale se présente sous un aspect nouveau. Ce n'est plus seulement l'hygiène des colonies, mais l'hygiène de la colonisation, dont nous nous proposons d'exposer ici sommairement les règles.

Par de certains côtés, la colonisation représente aujourd'hui l'essaimage humain des temps antiques; cependant, si nous voyons encore, de nos jours, des exodes, en masse ou partiels, de telle ou telle tribu des régions Ouraliennes, Transcaspiennes ou Rocheuses, ce n'est pas ainsi, d'habitude, que notre civilisation procède, soit qu'elle progresse de proche en proche avec le pionnier américain, auquel suffit souvent l'abri troglodytique *(squatter)*; soit que, sous l'impulsion de ses terribles concurrentes les Compagnies de chemins de fer, elle moule d'un bloc des villages et des villes; soit que, moins aventureuse et moins riche, elle se contente d'un comptoir modeste à proximité des rivages.

L'hygiène coloniale n'est donc plus seulement l'hygiène de l'Européen sous les tropiques; si nous devions nous restreindre dans ce cadre, notre tentative serait puérile, car — les nombreux mémoires, souvent remarquables, du dernier Concours de la Société en témoignent, — cette hygiène est aujourd'hui connue d'une manière satisfaisante.

(1) La Commission était composée de MM. DE PIETRA SANTA, *Président:* MEUGY, MONIN, MOREAU de Tours, *membres:* Ad. NICOLAS, *rapporteur.*

Nous désirons embrasser la question sous un point de vue général, en tenant compte des données qui nous sont fournies par la médecine et l'industrie; et, quoique l'hygiène n'entre qu'accessoirement dans les préoccupations des colons du premier établissement, il n'est pas inutile qu'ils en connaissent les préceptes, dans l'intérêt même de l'entreprise.

En fait de colonisation, l'hygiène doit, sous peine d'échec, avoir voix délibérative dans le conseil. L'histoire de toutes les colonies est pleine d'enseignements à cet égard. Et, si des installations plus correctes paraissent, à première vue, plus coûteuses, rien n'est, en définitive, plus dispendieux qu'un déplacement pour cause d'insalubrité, sans parler de la perte d'argent causée par l'insalubrité même.

Nous plaçons donc au premier rang ce qui concerne l'habitation et le campement ; puis nous étudierons, dans leur subordination classique, les conditions de résistance du colon et les moyens d'entretenir et d'accroître cette résistance.

Votre rapporteur vous prie d'excuser des citations personnelles que vous trouverez trop complaisantes; mais, quand on a tant de fois remanié le même sujet, il devient véritablement pénible de modifier une rédaction conçue en vue d'un programme à peu près identique (1). D'ailleurs, les mémoires présentés au Concours nous ont fourni également certaines indications dont nous aurons soin d'indiquer la provenance.

---

(1) Ouvrages du Dr Nicolas, mis à contribution dans ce rapport :
1° *Guide hygiénique et médical des voyageurs dans l'Afrique centrale*, vol. in-8°, 2° édition, 1885.
2° *Chantiers de terrassements en pays paludéen.* Vol. in-8°, 1886.
3° *L'hygiène à Panama*, 1885.

PREMIÈRE PARTIE

LE CAMPEMENT

Les conditions d'un établissement colonial ne sont évidemment pas les mêmes, tant au point de vue du but à atteindre que des ressources mises à la disposition de l'entreprise, selon qu'il s'agit d'un comptoir, d'un chantier, d'une expédition militaire ou d'un voyage d'exploration. Toutefois, si l'on ne considère que l'habitation individuelle ou collective, et, en général, les conditions de l'abri, on voit que l'entreprise industrielle les résume mieux qu'aucune autre. Elle associe le travail physique au travail intellectuel; elle groupe dans le campement, plus souvent définitif que provisoire, le magasin, le bureau, le chantier; amorcée au rivage, elle rayonne dans l'intérieur des terres; elle a sa hiérarchie comme l'armée; elle occupe comme elle un personnel nombreux d'attributions diverses; et elle l'enrégimente, comme elle, dans une foule de cas, pour la vie en commun, avec l'indépendance en plus et la discipline en moins. C'est donc la colonisation industrielle que nous visons particulièrement, avec d'autant plus de raison qu'elle est, plus que toute autre, à l'ordre du jour, chez toutes les nations civilisées de l'ancien et du nouveau monde. Il nous sera facile, chemin faisant, de signaler les prescriptions spéciales aux autres entreprises.

I. — Emplacement et Exposition.

Le choix de l'emplacement est évidemment subordonné aux conditions de l'entreprise; mais ces conditions ne sont pas les mêmes pour le débarcadère et l'entrepôt; pour le chantier; pour les bureaux et magasins; pour l'infirmerie, l'hôpital ou le sanatorium; enfin pour l'habitation proprement dite; et si l'hygiène peut être réléguée au second rang pour certaines de ces installations, elle réclame le premier pour les autres, quelle que soit la zone climatérique, et doit avoir voix délibérative pour toutes, puisque toutes occupent un personnel intéressant.

Par exemple, les wharfs et entrepôts établis sur le rivage doivent être placés sur les points de facile accès; mais il ne sera pas indifférent de les éloigner de ceux où les crues fluviales et les marées se font particulièrement sentir. Le moindre chemin de fer, moyen de transport banal dans un chantier, facilitera cet éloignement. Il faut, dans les contrées tropicales, éviter les estuaires des fleuves; et savoir qu'en général *le bord de l'eau est notoirement insalubre*, partout où il est sujet à des alternatives d'asséchement et d'inondation.

Par contre, l'infirmerie, l'hôpital ou le sanatorium, pourront presque partout être établis à volonté sur les points de moindre insalubrité, surtout le sanatorium; et, pour le dire, dès à présent, il est bon, dans les régions insalubres, que l'entreprise fasse entrer le sanatorium dans ses prévisions; car, d'une part, le sanatorium peut être un modeste pavillon construit sur le type des autres maisons d'habitation; d'autre part, il y a tout intérêt, si la chose est possible, à fournir aux employés les moyens de réparer leurs forces sur place: le sanatorium sera toujours moins onéreux que le rapatriement, pour eux comme pour l'entreprise.

Le chantier est forcément mobile; mais nous verrons qu'il est encore, dans une certaine mesure, justiciable de l'hygiène.

Le personnel de l'habitation représente deux catégories distinctes : le comptable et l'ouvrier; celui-ci actif, celui-là sédentaire. Pour l'un, la maison n'est qu'un lieu de repos, pour l'autre, c'est un lieu de séjour. Ce sont, il est vrai, de simples nuances; cependant, l'on sent bien qu'il n'est pas indifférent d'en tenir compte dans les contrées torrides ou marécageuses.

Le difficile est de *prévoir l'insalubrité* dans une contrée inconnue, ou qui n'a été explorée qu'au point de vue industriel. En pays habité, on consulte les habitants; mais il est bon de contrôler partout leur témoignage; et, pour cela, ayant présentes à l'esprit les notions acquises sur la climatologie générale, il est indispensable d'étudier par soi-même les conditions hygiéniques de la *localité* et du *voisinage*; du *sol* et du *sous-sol*; de l'*air* et de l'*eau*.

Dans l'air comme dans le sol, en pays chaud comme en pays froid ou tempéré, la cause principale de l'insalubrité, c'est l'*humidité;* et c'est contre l'humidité surtout qu'il faut garantir le campement. Comme cet opuscule s'adresse à des personnes auxquelles la physique et la météorologie sont plus ou moins familières, il nous suffira d'envisager sous son aspect général cette condition du climat.

Dans le sol, l'humidité permanente et dangereuse est en raison de la pente et de la nature du sol, aussi bien que de la distance à laquelle se trouve l'emplacement des masses d'eaux courantes ou stagnantes du voisinage.

Nous avons dit que la proximité de l'eau est une condition défavorable, au point de vue hygiénique, bien que cette proximité soit plutôt recherchée au point de vue industriel. Il résulte de cette proximité, outre les inconvénients des alternatives d'asséchement et d'inondation sur les rives, l'imprégnation du sol à distance par infiltration et par imbibition. Car les effets de la capillarité s'ajoutent ici à ceux de la pression latérale pour constituer la « nappe souterraine », dont le niveau s'élève ou s'abaisse périodiquement ou accidentellement, par l'effet des marées ou des pluies, qui relèvent ou abaissent le niveau de la mer, des lacs, des fleuves ou des lagunes; et dont la hauteur relative par rapport à la masse d'eau voisine est surtout en raison de la capillarité.

Les conditions ne sont pas les mêmes non plus au voisinage de ces masses d'eau, selon qu'elles sont représentées par une lagune ou la mer, un ruisseau ou un fleuve, une mare ou un lac en cuvette. Ici, la masse d'eau draine son voisinage; là elle l'imbibe. En général, il faudra s'éloigner surtout des masses d'eau vaguement circonscrites.

C'est une notion banale également que celle de la nocuité plus grande de l'eau salée dans les marécages désertiques ou maritimes; mais on n'a pas suffisamment étudié, croyons-nous, l'influence de la direction d'un cours d'eau sur l'humidité de l'une ou de l'autre rive. On dit que les cours d'eau drainent les terres riveraines perpendiculairement à leur direction ; il est plus vrai de dire qu'ils les drainent dans le sens de la pente naturelle du terrain; et il faut ajouter qu'ils les imbibent de la même manière.

En d'autres termes, le cas où le cours d'eau suit la ligne de plus grande pente est l'exception; sa direction est presque toujours déviée par les obstacles que lui oppose le terrain.

Il ne sera pas indifférent au point de vue hygiénique, d'établir le campement sur la rive droite d'un fleuve ou sur la rive gauche. Il est telle circonstance, en plaine, où la différence de salubrité de l'une ou l'autre rive, à ce seul point de vue, vaudra bien la dépense d'une passerelle pour franchir le fleuve.

Le sol le plus favorable aux constructions est celui qui *retient* le moins l'humidité, à sa surface et dans ses profondeurs. On a vu le granit lui-même emmaganiser la malarie dans le sous-sol de Hong-Kong et du Guadarrama; et l'imperméabilité du sous-sol n'est désirable que pour les terrains en pente, où la roche compacte n'apparaît qu'à une certaine distance de la surface. C'est dans ces conditions seules qu'un sous-sol argileux est acceptable sur une pente de montagne.

D'autres roches ne sont perméables qu'en apparence. Elles ont la propriété de l'éponge comme elles en ont l'aspect : telles sont les roches madréporiques, les laves et certains conglomérats volcaniques. Elles seront d'autant plus suspectes dans le sol et le sous-sol, que l'eau qu'elles retiennent est *marécayeuse*, ou le devient par sa stagnation même.

A l'opposite, des roches friables ont l'inconvénient de la pulvérulence; leur poussière sert de véhicule aux microbes ou à leurs produits; elles disséminent l'épidémie que tout doit tendre à localiser.

Toutefois, les sables, qu'ils soient d'origine granitique. trachytique ou calcaire, sont, en général. favorables sous cette réserve; tandis que les limons, où les germes malariens s'emprisonnent au milieu d'éléments argileux, sont suspects dans le sol comme dans le sous-sol.

On arrive ainsi, par exclusion, à reconnaître que le meilleur sol est celui que l'eau traverse aisément, et sur lequel elle ne séjourne pas : sols sablonneux, caillouteux, graveleux, compacts; et si les couches profondes ne présentent pas également ces conditions, il faut que l'écoulement de l'eau y soit assuré par une inclinaison des couches convenablement dirigée.

Il est moins facile de se garantir contre l'influence fâcheuse, encore mal définie, de l'*humidité atmosphérique*. Par lui-même, le froid humide est le facteur principal de l'insalubrité; c'est là une observation séculaire. La chaleur humide est également pernicieuse, bien que son action soit différente. La chaleur sèche et le froid sec sont, au contraire, salubres, en deçà des conditions d'intensité excessive, et bornent leurs effets à l'innervation vaso-motrice de la peau et aux appareils circulatoire et sudoral qui en dépendent.

Dans quelles conditions d'*altitude*, ou d'*exposition*, les campement et les habitations qui le constituent seront-ils le mieux protégés contre l'un et l'autre?

Il n'est pas d'exposition de la maison ou du campement qui ne soit bonne et mauvaise, selon les circonstances topographiques ou saisonnières; de même qu'aucune altitude n'est absolument préservatrice des influences morbides et en particulier de l'influence paludéenne, en théorie comme en pratique. Dans tel cas, il convient d'exposer largement le campement, d'ouvrir largement la maison aux brises locales, comme aux vents généraux; dans tel autre cas, il vaut mieux les abriter des uns et des autres.

L'exposition au midi, si incommode en toute contrée pendant les chaleurs, est au contraire avantageuse dans les climats tempérés pendant l'hiver. Au delà d'une certaine altitude que ne franchissent pas les brouillards de cette saison, le libre accès des rayons solaires, qui pénètrent directement dans les appartements, grâce à la faible hauteur de l'astre au-dessus de l'horizon, est doublement réconfortant pour les gens bien portants comme pour les malades; parce qu'il les égaie en même temps qu'il les réchauffe.

La *brise de mer*, si appréciée sur les rivages des tropiques aux heures chaudes de la journée, outre qu'elle peut être malfaisante, dans ces contrées mêmes, lorsqu'elle apporte au campement les effluves d'une bordure de récifs madréporiques, est plutôt pernicieuse sur les rivages atlantiques de la zone tempérée, où elle représente le vent de tempête, toujours abondamment chargé de *brouillards*, qui ne sont que la vapeur des régions chaudes où le cyclone a pris naissance, condensée au contact de notre atmosphère plus froide; et il en serait de même sur tous les rivages de la zone tempérée où soufflent accidentellement les vents cycloniques venus d'ailleurs, parce qu'ils sont toujours chargés d'humidité froide.

La *brise de terre*, accidentelle ou périodique, générale ou locale, est elle-même salubre quand elle vient d'un désert, et pernicieuse quand elle a passé sur un marécage; mais, dans presque tous les cas, elle est plutôt incommode : brûlante à la côte occidentale d'Afrique parce qu'elle lui vient du Sahara; glaciale sur les rivages septentrionaux de la Chine, parce qu'elle leur vient des steppes sibériens. Ce sont ces conditions qui distinguent hygiéniquement l'exposition au levant ou au couchant sous toutes les zones. Cependant, il y a cette différence entre l'exposition à l'orient et l'exposition à l'occident que le soleil du matin draine l'atmosphère, tandis que le soleil du soir la surcharge d'humidité, en ce sens que, se refroidissant à mesure que le soleil décline, elle dépose l'humidité qu'elle ne peut plus retenir.

Nous n'avons visé jusqu'ici que les *mouvements de latéralité* de l'atmosphère; mais les déplacements des couches d'air *dans le sens vertical* sont loin d'être indifférents à l'apparition comme à l'évolution, et à la marche, des épidémies. Sans doute, il est impossible d'abriter le campement contre la chute en masse des microbes infectieux, qui peut expliquer, mieux que leur déplacement latéral, des épidémies brusquement généralisées telles que les épidémies d'influenza, par exemple; cependant la notion, encore si vague, à l'heure où nous sommes, de ces déplacements verticaux pourrait éclairer quelque peu les questions d'altitude.

Les germes infectieux étant des éléments pondérables,

2

il est naturel que les parties basses de l'atmosphère en contiennent des quantités plus grandes, d'où l'action préservatrice de l'altitude. Mais, d'autre part, ces germes, aussi bien que les poussières auxquelles ils sont mêlés, jouissent d'une mobilité particulière, si grande qu'on a cru devoir invoquer l'influence électrique pour expliquer leur ascension et leur stationnement à des hauteurs prodigieuses. Or, l'altitude joue un rôle très complexe dans la pulvérulence atmosphérique, en ce que — le rayonnement étant très inégal dans la plaine et la montagne selon la saison et la hauteur de stationnement des brouillards, et l'ascension des poussières et des germes qui font pour ainsi dire corps avec l'air étant subordonnée au rayonnement, — la pulvérulence de l'air, c'est-à-dire la quantité de poussières et de germes dans le même volume d'air, varie sensiblement, non seulement entre la plaine et la montagne, mais à tel ou tel niveau sur le même versant montagneux.

Le brouillard n'est, il est vrai, que de l'humidité tangible ; mais il n'en constitue pas moins un écran plus ou moins épais qui s'oppose au rayonnement, et fixe les poussières à un niveau plus ou moins élevé. Au-dessus du brouillard, l'atmosphère se purifie d'une manière d'autant plus active que le rayonnement y est plus actif, en raison de l'altitude et de la raréfaction de l'air.

En pays froid, la hauteur des brouillards varie selon la saison ; car si leur production est régie par des lois en apparence très capricieuses, elle exige avant tout un sol humide, d'où l'humidité *rayonne* dans l'atmosphère.

Il y a donc une infinité d'avantages à placer le campement au-dessus, et non pas au-dessous, de la limite de stationnement du brouillard.

Dans les localités tropicales à climat constant, il est plus facile de déterminer la hauteur habituelle du brouillard sur le flanc des montagnes, et l'on conçoit l'avantage qu'il y aurait à se placer au-dessus de cet écran pour se garantir des effluves de la plaine.

En pays malarien, il n'y a pas d'altitude absolument préservatrice; mais l'insalubrité malarienne est en raison inverse de l'altitude sur le flanc même de la montagne. C'est donc sous ces réserves que nous pouvons indiquer comme altitudes favorables *le long des rivages* 150 mètres au 40e degré de latitude, coïncidant presque avec l'isotherme annuelle de 15 degrés; 300 mètres au 30e degré, à l'isotherme de 20 degrés; 1.000 à 1.200 mètres au 20e degré, à l'isotherme de 25 degrés; et ces hauteurs *minima* doivent être comptées au-dessus des foyers malariens qui, dans les conditions des rivages, sont surtout intenses au niveau de la mer.

Les hauts plateaux de quelque étendue représentent, sous les tropiques, des régions distinctes, dont les conditions malariennes sont, à l'intensité près, celles de la plaine; et, comme dans la plaine, il n'y a de garanties pour eux, en l'absence de montagnes prochaines, que dans l'éloignement des foyers, on peut admettre la distance de trois kilomètres comme préservatrice.

Quand il n'existe pas de hauteurs suffisantes au voisinage du chantier pour l'établissement du campement, ou tout au moins du sanatorium, dans des conditions absolument favorables, il faut savoir encore profiter des montagnes voisines, et préférer le versant maritime au versant continental, sous les réserves précédemment indiquées. Il vaut mieux alors établir le campement, non pas au sommet de la montagne, mais plutôt aux deux tiers de sa hauteur, et profiter ainsi de l'abri qu'elle procure contre les vents continentaux.

Il faut tenir compte, enfin, des *brises descendantes* quand on s'établit sur le flanc d'une montagne, et qu'il existe des foyers malariens au-dessus du campement. S'il n'est pas possible de les éviter, mieux vaut encore la plaine.

II. — Assainissement.

Le problème de l'assainissement est le plus important de l'hygiène coloniale. Sans doute, il se pose différemment dans les jeunes et dans les vieilles colonies et, sous ce rapport, l'hygiène des colonies ne diffère pas sensiblement de l'hygiène générale. Fidèles à notre programme, nous ne visons ici encore que l'hygiène de la colonisation, et, sans omettre absolument les mesures que réclame l'assainissement des colonies déjà vieilles, nous exposerons particulièrement celles qui. s'imposent dans un premier établissement et qui sont, par de certains côtés, spéciales.

D'une part, le colon ne sera pas toujours maître d'éviter des emplacements insalubres; d'autre part, il est exposé, faute de connaissances suffisantes, à compromettre un établissement primitivement salubre. Il faut donc le mettre en garde contre ce danger, en lui faisant connaître les moyens de réduire l'insalubrité au minimum.

Ici encore, c'est l'eau qui est en cause : il faut régulariser son écoulement dans les terrains humides; prévenir sa stagnation dans les sols imperméables; faciliter son passage dans les dépressions naturelles ou accidentelles du sol.

Cette étude du terrain étant indispensable à toute tentative d'assainissement, il faut se demander d'où vient l'eau qui constitue le marécage? Pourquoi séjourne-t-elle? Comment l'écouler?

Dans la plaine, le marécage se constitue soit dans des sols imperméables, à niveau; soit dans des dépressions qui recueillent l'eau pluviale; soit dans des terrains quelconques où l'eau, venue d'où que ce soit, est retenue par un sous-sol imperméable. Ou bien encore, l'eau ayant imbibé le sol de bas en haut par l'action capillaire aidée de la pression latérale, y séjourne à la faveur de certaines conditions du sol ou du sous-sol; et, de ces conditions, la plus commune est la végétation, qu'il s'agisse de l'herbe rare des hauts plateaux, de la « brousse », du steppe, ou de la végétation exubérante des pays chauds.

Dans tous les cas, il est essentiel d'assurer la perméabilité du sol et du sous-sol, soit par le déboisement superficiel, soit en modifiant la nature même du sol ou du sous-sol; soit en élevant le niveau, quand l'étendue de la dépression n'est pas considérable.

Dans la montagne, la stagnation de l'eau est plus commune qu'on ne serait tenté de le croire, et résulte, en dehors des plateaux, du moindre changement de niveau ou de la présence d'un obstacle : éboulis ou débris végétaux. Les plateaux rentrent dans le cas des plaines; mais, sur le flanc des montagnes, il est toujours facile d'aménager l'eau de manière à la diriger vers la pente la plus proche ou quelque ravin à proximité; de faire disparaître les débris végétaux qui gênent son écoulement, ou de lui frayer un passage à travers les éboulis.

Le cas le plus difficile est celui des moraines qui se renouvellent à chaque crue, au débouché des torrents, comme aux deltas des fleuves, ou au confluent des moindres cours d'eaux.

D'une manière générale, les conditions banales de tout asséchement sont : canal de ceinture, circonscrivant, plus ou moins, en amont, le terrain à dessécher et destiné à recueillir les eaux affluentes, accidentelles ou régulières; canal émissaire recueillant, en aval, les eaux effluentes provenant du terrain; réseaux de rigoles reliant le canal de ceinture à l'émissaire, tant directement qu'indirectement, à travers le terrain qu'elles sillonnent.

Sur les rivages et le bord des lagunes, il ne serait pas difficile, dans bien des circonstances, d'obtenir un desséchement localisé, qui assainirait le campement ou la factorerie. Pour éviter l'alternance d'inondation ou d'exondation d'où résulte l'insalubrité, il suffirait souvent du moindre barrage convenablement établi, dans lequel on ménagerait une issue à l'eau d'infiltration qui aurait pénétré en deçà du barrage au moment du flux ; et le meilleur moyen d'assurer ensuite la salubrité de ce terrain conquis est d'y faire des plantations ou des cultures, en le canalisant par des rigoles, à ciel ouvert, qui représentent la forme la plus simple de l'irrigation d'assainissement : « tracé ou série de tracés de petites rigoles, s'écartant plus ou moins de l'horizontale, et débouchant, comme les ner- vures d'une feuille sur le pétiole, en une rigole plus large et plus profonde, tracée elle-même dans les sens de la pente et menant les eaux au fossé du thalweg » (A. NICOLAS) ou à la berge.

Les *cultures* sont le meilleur procédé d'assainissement et de désinfection d'un sol souillé ; toutefois, l'opinion personnelle de l'auteur de ce *Rapport* est, qu'en pays chaud malarien, il n'y a pas d'assainissement possible sans *déboisement* préalable. Nécessité regrettable, car la forêt mal- saine est, à d'autres égards, bienfaisante, et le *reboisement* sera aussi utile demain que l'était le déboisement hier.

Si, dans la forêt, l'écran des feuilles, en tamisant les rayons solaires, en même temps qu'il modère le rayonne- ment à la surface du sol, maintient sous le couvert des arbres une température égale et souvent une fraîcheur salutaire, rien n'est énervant comme la chaleur de la « sylve » sous certaines latitudes. Au canal de Panama, de tous les travaux sur le terrain, le plus pénible et le plus insalubre était la *trocha* ou tranchée dans la forêt vierge.

S'il est des essences véritablement hygiéniques, telles que certains *Eucalyptus* qui drainent le sol et rendent à l'atmosphère plus d'eau qu'ils n'en reçoivent, il en est d'autres qui créent le marécage : tel est le Manglier amphi- bie, dont les branches, mêlées aux racines, se confondent sur les bords de toutes les eaux courantes ou stagnantes des pays chauds, dans l'air, dans l'eau comme dans les sables marins, ou le limon des berges.

« D'ailleurs, ce ne sont pas les arbres géants... qui engendrent l'insalubrité : souvent le paludisme sommeille et les germes meurent sous le couvert des forêts ombreuses... Au voisinage de l'équateur comme au voisinage des pôles, la forme la plus perfide de la végétation sauvage, c'est la broussaille, le maquis corse, le buisson du Bushland de l'Afrique australe, le shrub australien, la jungle hindoue, où se tapit la malaria, garrottée par les lianes, comme un faucon chaperonné, fécondée par le brouillard qu'alimentent les nuées de la mer des Indes, en se heurtant au Teraï subhimalayen. Là, comme dans beaucoup d'autres contrées, où des montagnes bordent le littoral à une certaine distance, c'est surtout le brouillard qui détermine l'insalubrité de la forêt broussailleuse... Et ce qui nous consolerait du déboisement tropical, c'est qu'il s'attaque plutôt à la broussaille ; car la végétation au voisinage de l'équateur est tellement hâtive que l'arbre n'y pousse guère qu'en longueur, étalant, dès sa naissance, des rameaux exubérants, repoussant de sa tige, de-ci, de-là, de tardives racines qui lacèrent le sol à sa surface et y retiennent l'eau stagnante...

» Il est vrai que si le déboisement assainit la montagne, il infecte l'estuaire : car déboiser, c'est raviner dans l'avenir, et le ravin c'est le torrent ; le torrent c'est l'inondation imprévue, désastreuse, provisoirement stérilisante, malarienne toujours. Ce fléau terrible a troublé les établissements des hommes à l'aurore de toutes les histoires, comme il les trouble de nos jours (Montagnes Rocheuses). C'est la principale objection faite au déboisement, et le principal argument en faveur du reboisement qui est à l'ordre du jour, en attendant que l'on adopte un moyen terme... en régularisant la coupe des forêts, pour en prévenir la destruction brutale et imprévoyante. Ce qu'il faut, c'est aérer la forêt, en ménager l'ombrage tout en y faisant circuler l'air et la lumière, la conserver comme écran contre les effluves des marécages, et l'ouvrir aux brises salutaires. »

Un dernier mot, au sujet de ce que nous avons appelé *l'assainissement préventif*.

« Il ne faut pas perdre de vue l'assainissement préventif du campement et du chantier lui-même, sans parler de l'antisepsie pour laquelle j'ai proposé, dans les terrassements limités, en place du sulfate de fer, les projections de solution de subliméau millième ou au dix-millième, et MM. Dujardin-Beaumetz et Ricard, diverses mesures qui se rapportent plus spécialement aux démolitions des villes. En pays tropical, surtout, il convient de ne pas rémblayer des ravins momentanément à sec, qui ne sont que le lit de torrents futurs, où l'eau arrivera pendant la saison pluvieuse dans une proportion tout à fait imprévue. Les terres de remblai sont alors emportées par les eaux en des points où il faudra plus tard les reprendre ; mais ceci n'intéresse que l'art de l'ingénieur, et ces cas sont prévus. La rupture des barrages les mieux construits est un accident si fréquent qu'il serait par trop téméraire de compter sur les remblais de décharges ; et, de même que la rupture des barrages méthodiques, le déplacement de ces déblais récents ne manquerait pas de créer l'insalubrité sur les points où s'étaleraient les terres déplacées.

» Mais l'établissement des barrages réclame à un autre point de vue l'assainissement préventif... L'envasement du fond de tous ces réservoirs d'eau fluviale est inévitable, et leur nettoyage annuel s'impose absolument.

» C'est lors du curage de ces lacs artificiels qu'il sera surtout utile d'appliquer le sytème des projections, au moyen de pompes d'arrosage, sur les vases ramenées au jour, de la solution désinfectante au sublimé que j'ai indiquée plus haut. Cette pratique peut être combinée avec le curage, en disposant pour la projection désinfectante les appareils mécaniques destinés à l'enlèvement des vases.

» Mais, alors même que le remblai présente une résistance suffisante et comble totalement le ravin, on n'aura pas supprimé pour cela le marécage, dont les traces auraient persisté plus ou moins et sollicité, pour ainsi dire, le remblai. Il faudra bien que l'eau du torrent, auquel on aura ainsi barré le passage dans son lit naturel, se trace une voie quelconque; et le plus souvent le barrage ou le remblai ainsi formé, obligeant les eaux à s'accumuler en amont et à s'épancher en dehors du barrage, seront une cause de formation de marais éventuels, où l'eau persistera en stagnation pendant la saison pluvieuse et au delà, marais plus dangereux que n'était le ravin primitif.

» Les ingénieurs, dans l'intérêt même des travaux, ont journellement à pratiquer cet assainissement au jour le jour, réclamé par Bergeron, Léon Colin, etc.: par exemple, quand ils établissent un chemin de fer en terrains argileux, dans lesquels on n'assure la solidité des talus et de la voie qu'en pratiquant des rigoles (SÉSILLY), ou un véritable drainage (LEDRU); et ces travaux sont, de fait, comme de nom, de véritables travaux d'assainissement des tranchées. » (Ad. NICOLAS.)

III. — La Maison.

A. — Le *tracé* de l'établissement colonial doit être établi de manière à assurer le mieux possible la salubrité, la sécurité, le nettoyage et la... bonne humeur du personnel. Au quadrillage brutal, nous préférons la disposition radiée en cercle ou en éventail: une place centrale et de grandes artères divergentes; groupés au pourtour de la place, les lieux de réunion : le restaurant, le café, la cantine, les bureaux; refoulés à la périphérie, les plaisirs qui se dissimulent. Le long des voies de communication, les entrepôts et les magasins. Sur la boucle d'un fleuve, les rues divergeraient en éventail sur le bord convexe, et convergeraient sur le bord concave.

Nous ne voyons pas que le quadrillage embellisse ou

qu'il avantage New-York, Chicago, ou Memphis, ni que
la disposition en éventail nuise à la Nouvelle-Orléans. Le
peu d'étendue des établissements que nous avons en vue
et l'isolement d'un campement industriel en pays vierge
plaident surtout en faveur de la disposition radiée ; s'il
s'agissait de villes véritables, on pourrait, en multipliant
les places, conserver les avantages de la convergence des
rues dans chacun des quartiers groupés autour d'elles, et
la centralisation de la surveillance sans nuire à la salubrité.

En tout cas, si, dans une ville où le terrain est cher,
l'*orientation de la maison* se subordonne au tracé des rues,
il n'en est pas de même dans les conditions générales de la
colonisation ; et le goût de la symétrie s'oppose seul à une
orientation de la maison indépendante de l'alignement. Il
faut construire des habitations, et non des villages : le village n'est qu'une résultante. L'alignement sur la clôture
de la cour, ou du jardin, suffit pour régulariser la voirie.
Pour la factorerie isolée, du moins, l'orientation est facultative, aussi bien que pour un campement militaire impro-
visé. Quelle est, dans ces cas, l'orientation la meilleure ?

Nous n'en sommes pas encore à la maison mobile, bien
que Chicago ait exhaussé, d'un bloc, certains de ses quartiers, de quatre mètres au-dessus du sol marécageux rem-
blayé en conséquence, et Sacramento les siens de trois à
cinq mètres pour se garantir de l'inondation : cela sans
déranger les habitudes des locataires pendant l'ascension.

Ce n'est donc pas absolument une utopie que de se représenter, dans un avenir prochain, le campement, — toujours
composé de maisons d'un transport facile, — suivant le
chantier dans ses déplacements ; ou, du moins, la factorerie
pivotant sur ses bases pour exposer ses fenêtres au soleil
dans les hivers des pays tempérés ; ou pour se dérober à
ses rayons trop ardents, comme aux brises malsaines
périodiques :

> Et de quelque côté que vînt souffler le vent,
> Il y tournait son aile et s'endormait content.

Est-ce bien aussi la jalousie conjugale seule qui clôt
les maisons d'Orient à l'extérieur ; et quelle est leur salubrité réelle, protégées qu'elles sont ainsi contre le soleil
et les mouvements de latéralité des couches basses de
l'atmosphère ?

« Quelle sensation de bien-être lorsque, sortant d'une
de nos maisons à l'européenne où l'air est surchauffé, on
pénètre dans quelque vieille construction arabe, comme
le palais des anciens beys, par exemple, à Constantine,
avec ses longs couloirs couverts, ses nombreux corps de
bâtiments, bas, recouverts en terrasse, avec des ouvertures seulement sur les cours et jardins intérieurs, où une
végétation luxuriante et de nombreux jets d'eau entretiennent, avec de beaux ombrages, une agréable fraîcheur.

» ... Dans les climats chauds, le type d'habitation qui
nous paraît le plus recommandable est celui se rapprochant
du style mauresque ; c'est-à-dire des maisons peu élevées,
à murs très épais, recouvertes en terrasse, avec des appartements grands, faciles à aérer, avec des ouvertures
fermant hermétiquement (pour mieux protéger contre la
poussière et à certaines heures contre la chaleur), et don-
nant de deux côtés opposés. » (Dr COINDREAU, *Mém. couronné.*)

Quoi qu'il en soit — car nous n'oserions patronner une
innovation pareille, — le *rafraîchissement* au souffle de la
brise ne s'impose pas autant qu'on le pense dans les pays
chauds ; tout en se ménageant la ressource des brises
fraîches contre la chaleur souvent énervante des basses
latitudes, *il faut savoir supporter la chaleur comme la soif.*
Sans doute, ce stoïcisme n'est pas à la portée de toutes
les constitutions ; mais les gras, comme les maigres, ne
se rafraîchissent pas toujours impunément : le refroidis-
sement du ventre n'est pas sans influence sur l'hépatite
et la fièvre ; et le froid est très fréquemment une cause
occasionnelle de la dysenterie. Si l'on peut s'exposer, sans
trop de risques, au grand air, pendant le jour ; si l'on

peut même, bien couvert, « coucher à la belle étoile »,
le repos et surtout le sommeil ne sont pas certainement
sans danger au voisinage d'une fenêtre ouverte. Le fait
nous paraît, du moins, incontestable dans les nuits d'hiver
des pays tempérés, bien que nous ayons vu l'hygiène
nouvelle imposer l'ouverture, au milieu de la nuit, des
fenêtres de dortoirs de caserne, en plein hiver, sous pré-
texte de prévenir le confinement.

Sous ces réserves, la meilleure orientation de la maison
est celle qui, dans les hautes latitudes de la zone tempérée,
ferme la maison aux vents océaniques généraux, toujours
humides, et l'ouvre aux rayons du soleil; et celle qui,
dans les pays chauds, l'ouvre aux brises de mer qui soufflent pendant le jour et lui permettent de s'abriter des brises
vespérales, qui sont le plus souvent marécageuses. Il est
vrai que, dans la généralité des cas, les unes et les autres
ont le même parcours en sens inverse ; mais l'heure de leur
apparition est une sauvegarde, puisque le besoin de fraîcheur est moindre à l'heure où soufflent les brises malsaines.

B. — Nos candidats du Concours se sont montrés très divisés au sujet des *matériaux de construction* les meilleurs aux
colonies. Le bois, la pierre, la brique, le fer ont leurs partisans et leurs adversaires; et, bien souvent, les opinions
ont été formelles en faveur de l'un, à l'exclusion des autres.
C'est évidemment affaire de latitude et de longitude; car
toutes ces opinions diverses sont dûment formulées par des
praticiens qui ont « vécu » cette hygiène.

Et, d'abord, le Dr Ch. SIMON (*Mém. couronné*) proscrit
la tente dans les étapes militaires, et lui préfère les *abris
de feuillage*, qui seront très vite improvisés. La tente,
dit-il, n'abrite de rien : « Le jour on y étouffe, la nuit
on y gèle. » Il est certain que la tente ne sera jamais
qu'un pis-aller; et les armatures en fer des tentes perma-
nentes n'ont pas d'application sous les tropiques, à cause
de l'excessive humidité habituelle.

C'est pour ce motif qu'il faut exclure le fer des ouvrages extérieurs exposés à l'air; et d'une manière générale, si la pierre et la brique ont la supériorité en toute circonstance entre les matériaux de construction, pour un établissement durable, c'est au bois que l'on aura le plus souvent recours dans les établissements provisoires ou improvisés, à cause des facilités qu'il présente pour le façonnage et le transport. La question d'économie tient d'ailleurs une grande place au point de vue purement hygiénique. Dans les pays particulièrement malsains, où les grandes endémies : fièvre jaune, choléra, dysenteries, etc., sont pour ainsi dire en permanence, il faut pouvoir sans trop de frais démolir, et renouveler, non seulement les hôpitaux, infirmeries et ambulances, mais aussi les maisons d'habitation que l'on suppose contaminées par la succession de cas mortels chez les habitants.

Pour les troupes d'occupation, se pose en outre la question des facilités de démontage et remontage des baraques; c'est-à-dire que le choix des matériaux est subordonné à la destination de la maison : factorerie, bureau, infirmerie, caserne, magasin; aux conditions hygrométriques et saisonnières du climat; aux ressources de la contrée, et à celles de l'entreprise.

C. — La *largeur des rues* peut avoir de l'importance dans les villes coloniales, où la hauteur des maisons procure de l'ombre aux promeneurs; dans nos campements militaires ou industriels, les maisons seront basses; et, contre un soleil zénithal, il n'y a guère d'abri possible. Nous subordonnerons donc la largeur des rues aux nécessités de la voirie et du nettoyage, en réservant les plantations pour les places, où les promeneurs de jour seront certainement rares, si l'on en juge par la belle place « des Palmistes » de Cayenne, qui, pour être splendidement ombragée, n'en est pas moins déserte.

Si les maisons sont nombreuses, et surtout si le terrain

est en pente, leur *disposition en échiquier* est la plus avantageuse, soit d'un côté à l'autre de la rue, soit dans l'intérieur des îlots; ainsi disposées, les maisons ne se *masquent* pas, et ne se *commandent* pas. C'est une sécurité au point de vue hygiénique.

Il faut assurer la *sécheresse du sol* par le *drainage* de la nappe souterraine, dont le niveau, — il ne faut pas l'oublier, — est variable; par le *cailloutage* et autres modes de drainage grossiers de sols argileux ou autrement hygrométriques; par le *tassement*, et le *bétonnage* de la couche superficielle : *une terrasse en ciment* serait encore meilleure.

Il faut *dégager* le pourtour de la maison par une « aire » d'une certaine largeur, alors même qu'on bâtirait « entre cour et jardin, » afin que les parois de l'édifice soient moins exposées à l'humidité et qu'on puisse les surveiller plus facilement.

Dans les terrains inclinés des montagnes ou des collines, il faut protéger les fondations, et le sous-sol, par une canalisation méthodique en amont : rigoles, bourrelets, etc.

On préviendra les ravinements du sol au pied des murs par l'établissement de baquets, tonneaux ou réservoirs collecteurs des eaux de la toiture, dirigées par un système de chéneaux ou de gouttières.

Pour bien faire, le drainage devrait être assuré à deux mètres au minimum au-dessous des fondations. Les *caves* proprement dites sont toujours nuisibles; ou, du moins, ont plus d'inconvénients que d'avantages. Il vaut mieux surélever la maison que d'y ménager des cavités en contrebas du sol. Le plancher du rez-de-chaussée doit en être séparé par un espace libre, dont on empêche toutefois l'accès par des barrages en croix, de façon à assurer la propreté, en évitant les dépôts d'immondices, sans nuire au nettoyage.

L'*enclos* planté est plutôt salubre. Lorsqu'on bâtit en forêt, il est avantageux de ménager des arbres en proportion telle que l'humidité du sol et de l'air n'en soit pas accrue, et que les rayons du soleil puissent s'y frayer un passage : la lumière est destructive des microbes.

D. — Nous disions plus haut qu'il est nécessaire de surélever la maison, et de ménager un espace libre entre le plancher et le sol. Cela ne s'applique toutefois qu'aux pays chauds ; la fraîcheur que l'on se procure ainsi serait nuisible en pays froid ; une maison isolée, *léchée* de tous les côtés par les vents, est difficile à réchauffer ; au lieu d'aggraver cet isolement, mieux vaut alors établir le plancher au-dessus d'une cave *voûtée*, et *associer* les maisons deux par deux.

A cet égard, nous pensons que le parquet en bois dur est d'une application plus générale que le *carrelage*, 'ailleurs plus coûteux, en dehors de certaines conditions spéciales, telles que le voisinage des lieux de fabrication. Toutefois, au point de vue hygiénique, la supériorité du carrelage n'est pas douteuse ; le nettoyage d'un parquet en bois est toujours difficile ; et le plancher double qui sera un pis-aller, en l'absence de cave, a ses inconvénients. En résumé, dans les pays chauds, « un parquet établi à 1ᵐ,50 ou 2 mètres au-dessus du sol, reposant sur un lit de briques rejointoyées au ciment » (HENRY, *Mém. couronné*) présente toutes les garanties.

Les *doubles parois*, sur lesquelles nous avions dû insister à Panama, ont l'assentiment général. Si la maison est en pierres, que les murs en soient épais.

Un *plafond* séparant la chambre du toit, ne soulève pas non plus d'objections, non plus que la *véranda* faisant le tour de l'habitation, large de deux à trois mètres et « munie de grands stores en vétiver qu'on manœuvre facilement par des cordons bien disposés ; en les arrosant plusieurs fois par jour, lorsqu'ils sont baissés, non seulement on atténue la crudité de la lumière, mais on obtient une atmosphère relativement fraîche et agréablement

parfumée. » (Dr Fernand Roux, *Mém. couronné*). La
véranda ainsi comprise, assurant à la fois un abri contre
le soleil et contre la pluie, et garantissant contre l'humidité dans une certaine mesure, permet d'établir où l'on
veut les chambres à coucher. Si la véranda n'est placée
qu'aux deux façades opposées, le mieux est que les pignons
soient du côté du soleil : est et ouest ; et les chambres à
coucher seront ménagées du côté des pignons, ou du côté
des façades, suivant que les nuits sont trop ou trop peu
fraîches dans la localité.

Fenêtres très larges, fermées par des croisées *vitrées* et
des persiennes d'un maniement facile : *Ventilation efficace
et facile; occlusion hermétique et facultative*, telle est la
formule que nous avions proposée à Panama, où l'absence
de vitres était considérée comme salutaire.

« Le *toit* doit être suffisamment incliné pour empêcher la
stagnation des neiges d'hiver, et convenablement jointuré
(par imbrication) pour prévenir toute introduction d'eau
nuisible à la conservation des édifices.

» Les toits doubles (ou doublés) sont indispensables en
pays chaud. La tôle ondulée, qui se fabrique en grand pour
la couverture, peut servir dans ces conditions ; mais, sans
la préservation d'un double toit ou d'un plafond, elle est
détestable.

» Les toits en terrasse peuvent être utiles pour la promenade du soir, en pays chaud ; mais à la condition d'être
doublés ; pour nos maisons de bois, il n'y a pas à y son-
ger ; mais la véranda en tient lieu.

» Les toits les plus frais en pays tropical sont, d'après
Parkes (*Practical Hygiene*) les toits de chaume recouverts
de tuiles.

...Deux toits de tuile vaudraient mieux.

» Une disposition avantageuse que nous avions adoptée
pour une partie de nos bâtiments à Panama, consiste dans
l'adjonction d'un ventilateur représenté par un petit toit
en lanterne sur l'arête supérieure du toit double. Les

bords du petit toit adjonctif débordent un peu l'ouverture (ménagée pour la ventilation), afin d'empêcher la pénétration des pluies. Cette disposition est trop généralement employée pour qu'il soit nécessaire de la décrire autrement. » (Ad. Nicolas.)

Le toit devra déborder la maison.

E. — Nos candidats ont été divisés sur le *nombre d'étages* et la *hauteur* de la maison ; les uns se préoccupant des tremblements de terre, les autres n'ayant en vue que l'hygiène. Il faut encore distinguer entre une maison d'habitation dans le Centre-Amérique et un campement de terrassiers dans l'Argentine, ou une factorerie aux bouches du Congo. En pays marécageux, il y a tout intérêt à habiter les étages supérieurs, et une factorerie doit être forcément spacieuse et... hospitalière. Dans le voisinage des volcans, les maisons basses ont tout avantage ; à Panama, on reconstruit en bois après un tremblement de terre, en pierre après un incendie ; c'est le cas où le fer remplacerait, sans doute, avantageusement l'un et l'autre, au moins dans les petites constructions.

Pour un ménage d'ouvriers, une surface de 16 mètres carrés, et un cubage de 30 à 50 mètres cubes, sont un minimum, pour la *chambre à coucher*.

Pour les *casernements* d'ouvriers ou de soldats, l'évaluation est très variable. « Il faut éviter les grands édifices à chambres multiples, se commandant les unes les autres et qu'on remplit de soldats tant qu'elles peuvent en contenir. Il faut recourir, au contraire, aux bâtiments de dimension moyenne, multipliés selon les besoins..., Chaque baraquement d'une longueur de 100 mètres ne devra pas contenir plus de 30 à 40 hommes. Les lits seront donc très espacés, et tournés la tête vers le centre de la pièce, et non contre la muraille, comme on le fait d'habitude. » (F. Roux, *Mém. couronné*.)

Nous fixerions volontiers à 20 mètres cubes, en pays

3

chaud, l'espace à allouer à chaque terrassier... blanc.
Mais cette dernière épithète soulève une question très
délicate à traiter pour nos latitudes. N'insistons pas, mais
il serait puéril de ne pas tenir compte ici de la race et des
habitudes antérieures du travailleur. Que l'on se persuade
bien que plus l'homme répare de forces par l'apport
alimentaire... et respiratoire, plus il travaille, et tout
sera pour le mieux. Le cube du soldat caserné ne dépasse
pas 12 mètres en Belgique, 13 en Prusse, 15 en Autriche,
14 en Russie.

Mobilier élémentaire : lit de fer à fond élastique, « dont
les pieds seront supportés dans des godets de cristal ou de
porcelaine ou, plus simplement, dans des fonds de bou-
teilles, pour préserver des insectes » (COINDREAU, *Mém.
couronné*); matelas de crin, couverture de laine, natte
sous le drap, moustiquaire relevée le jour, — ni tableaux,
ni rideaux, ni tentures, — tel doit être en substance
l'aménagement d'une chambre d'agent en pays chaud. En
deçà, s'échelonnent toutes les combinaisons, depuis le lit
de camp jusqu'au hamac.

Le *panka* est vanté par tout le monde. Pour votre
rapporteur, l'éventail, quel qu'il soit, est un supplice, quand
il est manié, dans le voisinage, par une main étrangère.

La meilleure *peinture* des parois est la peinture à l'huile,
que l'on puisse laver. Les tons seraient : rose, bleu, vert,
(SIMON), ou vert, gris, jaune, bleu (HENRY). A chacun son
goût! tout ce qui rendra le logis agréable est, pour le
moral, un tonique.

« Autant que possible, le *cabinet de toilette*, et la *cuisine*,
seront complètement séparés de la chambre à coucher
et de la salle à manger. La cuisine peut se faire dans un
endroit simplement couvert par une toiture et communi-
quant avec la salle à manger. — Le cabinet de toilette
(éloigné du voisinage des cuisines) servira aussi de salle
de bains; large, spacieux, il sera muni d'une baignoire,

d'une cuvette-toilette et d'effet d'eau si c'est possible. Pour évacuer les eaux de cuisine et de toilette, on emploiera l'évier en grès verni, muni d'un siphon obturateur ventilé. Les tuyaux de décharge, de tracé simple, pour empêcher la stagnation de l'eau, iront aboutir dans des collecteurs étanches qui les emmèneront loin de l'habitation.

» La *buanderie* et les *lieux d'aisance* seront au fond du jardin; l'eau de lavage ne devra pas naturellement séjourner sur le sol qui sera cimenté; un conduit étanche les conduira dans des collecteurs d'évacuation. » (HENRY) *Mém. couronné.*)

Nous reviendrons sur ces détails.

IV. — Services accessoires.

L'importance de l'établissement et de l'organisation des services accessoires de l'habitation, varie singulièrement suivant la localité et le genre d'entreprise. Autre chose est de gérer une factorerie au Gabon, autre chose d'organiser une expédition militaire sur la Côte d'Or, d'exploiter des placers en Guyane, de tracer une ligne de chemin de fer dans le bassin du Sénégal ou du Parana, de creuser une tranchée au niveau de la mer à travers la Cordillère sous les mêmes latitudes.

Bornons-nous à quelques indications sommaires, mais précises, sur cette partie si délicate de l'hygiène urbaine, rurale, industrielle, confondues en pays perdus.

A. *Ambulances.* — Pour le cas où il serait nécessaire d'établir des ambulances en pays tempéré, on trouve, dans les tentes du système Tollet, des conditions de confortable généralement suffisantes. Elles se composent, comme on sait, d'armatures en fer, sur lesquelles sont disposés des systèmes particuliers de tentes.

Quand le fer ne peut être utilisé, on se conduit comme il a été dit plus haut, au sujet de l'habitation. Des *pavillons*, de 20 à 30 lits si on les destine au traitement de maladies quelconques, de 10 lits au plus, si on les destine aux maladies épidémiques ou contagieuses, (qui en nécessiteront souvent la destruction lorsqu'on les suppose profondément contaminés) seront disposés sur une *superficie* calculée à 100 mètres carrés par malade (Rochard). Ils occuperont une *situation* éloignée de 40 à 100 mètres au moins en plaine, de 20 à 30 mètres au moins en montagne, des campements et *sous le vent* le plus habituel par rapport à eux.

Dans des conditions favorables, l'ambulance serait établie de préférence de façon à ce que chaque pavillon soit situé sur le flanc d'un coteau d'une certaine pente, et sur le versant du côté du vent. De cette façon, les pavillons se trouveraient dans de bonnes conditions d'aération et de drainage naturel; et les émanations qui proviendraient des déjections et des eaux ménagères versées sur le sol, arrêtées par le coteau, menaceraient moins les établissements qui, d'aventure, pourraient se trouver sous le vent de l'hôpital.

Les *terrains* rocheux ou, en général, les terrains imperméables, sont le meilleur sol à choisir pour édifier les hôpitaux. Le plus mauvais serait celui où un sol meuble, même sablonneux, serait superposé à un sous-sol imperméable, surtout s'il s'agissait d'un banc d'argile sous-jacent à l'humus, ou à des alluvions fertiles.

La *disposition* des pavillons la plus favorable à l'aération, et à la ventilation, est celle dans laquelle le grand axe des pavillons serait, non pas perpendiculaire, mais parallèle ou oblique au grand axe de l'ensemble. C'est le contraire de la disposition généralement adoptée. Dans la nôtre, les pavillons à dix lits seraient placés en arrière, sous le vent, en échiquier, les pavillons de vingt lits étant placés au vent. De cette manière, les émanations des maladies contagieuses, auxquelles seraient affectés les petits pavillons, ne menaceraient pas l'hôpital.

La disposition que nous proposons est moins élégante, mais elle a l'avantage d'exposer aux vents habituels les façades munies de croisées; les bâtiments ne sont pas masqués l'un par l'autre, surtout si l'on peut les disposer en échiquier. Dans la disposition que nous critiquons, les pavillons se masquent tous, lorsque le vent souffle perpendiculairement aux façades, dans la direction de l'axe de l'hôpital; ils ne peuvent être aérés que par les pignons ou les petites façades lorsqu'il souffle perpendiculairement à l'axe de l'hôpital.

Les *lits* étant disposés dans l'intervalle des croisées, deux par trumeau, et les dimensions des pavillons étant calculées de manière à attribuer à chaque malade une moyenne de *50 mètres cubes* au minimum, il y aurait lieu de ménager, dans l'intérieur même des pavillons, soit au milieu, soit à l'une des extrémités, deux *cabinets*, dont un pour la tisanerie, l'autre pour la surveillance; et, malgré les inconvénients de ce voisinage immédiat, de rapprocher le plus possible des lits les *cabinets d'aisance*.

La tisanerie servirait au dépôt du matériel de pansement, ou autre, des pavillons.

Le cabinet de surveillance servirait de bureau et d'infirmerie, à moins que l'on ne jugeât plus convenable d'affecter deux locaux distincts à ces deux services.

Un cabinet un peu plus spacieux, et bien éclairé, serait ménagé dans l'un des pavillons de chirurgie pour les opérations d'urgence.

Le rôle que nous attribuons au froid dans les maladies, nous excuse de rapprocher des lits les cabinets d'aisance. On pourrait les établir soit au milieu, soit aux extrémités des pavillons.

La disposition la meilleure serait celle dans laquelle les

lieux d'aisance seraient établis en appentis du côté du pavillon le plus déclive, et reliés aux pavillons par une galerie couverte. On trouverait peut-être avantage à réunir, pour cet objet, deux pavillons voisins qui auraient les mêmes cabinets d'aisance.

En outre de ces cabinets annexés aux pavillons, et qui ne doivent servir qu'aux malades alités, pouvant se mouvoir cependant sans inconvénients, il sera bon d'établir dans chaque ambulance un local, aéré dans une large mesure, où seraient établis des *urinoirs* et des cabinets d'aisance banaux, mais réservés au personnel de l'ambulance.

Les décharges des urinoirs seraient embranchées sur l'égout de l'ambulance.

Au contraire, il nous paraît préférable d'adopter pour les matières fécales le système des *fosses mobiles*, en faisant, autant que possible, dès l'origine, le départ des matières solides et des liquides.

En plaçant les urinoirs en aval des décharges d'eaux ménagères, ces dernières assureraient un lavage énergique de l'égout souillé par les urines.

Quant à la *vidange* des fosses, elle se rattacherait au système général de vidange dont il sera question plus loin. L'égout serait réservé aux eaux ménagères charriant les urines. Dans ces conditions, il n'y aurait pas d'inconvénients, en pays isolé, à ce qu'il débouchât dans un cours d'eau, en aval du campement.

Pour les Noirs et même pour les Blancs, les lieux à la turque, naguère condamnés par tout le monde, ont toujours eu nos préférences, en ce sens qu'il est impossible d'empêcher les hommes de grimper sur les sièges, surtout quand ces hommes sont des sauvages qui ne sont pas désaccoutumés de l'attitude accroupie, la plus favorable à la fonction. Il vaut mieux ne pas se faire d'illusions, et s'en tenir au système où le nettoyage est plus facile et mieux garanti.

Il serait bon de comprendre dans les devis du matériel

une *étuve* Geneste et Herscher de désinfection à des températures élevées. C'est une grosse dépense; mais quand il s'agit de désinfection, il ne faut pas d'à-peu-près.

Parmi les *annexes* de l'ambulance, il en est que l'on peut grouper au milieu des bâtiments, en vue de faciliter le service. Ce sont : 1° les *cuisines* et leurs dépendances : panneterie, office, laverie, garde-manger, glacière; 2° la *pharmacie* comprenant : laboratoire avec fourneau, dépôt de médicaments, cabinet du pharmacien, pourvu d'un bureau pour la comptabilité; 3° les *salles de bains* comprenant : cabinets de bains, salle de douches, vestiaires. Il y aurait avantage à rapprocher les salles de bains de la cuisine, dont les appareils de chauffage pourraient être utilisés pour les bains chauds.

D'autres annexes doivent, au contraire, être éloignées des bâtiments. Telles sont : 1° l'*étuve à désinfection;* 2° les *salles mortuaires,* où l'on doit ménager un emplacement pour les *autopsies* et, en temps d'épidémie, une salle de dépôt pour les *cercueils.*

D'autres, enfin, peuvent être disposées d'une manière indifférente au point de vue visé. Telles sont : 1° les *logements :* des infirmiers, des médecins; 2° la *buanderie;* 3° la *lingerie* comprenant : le dépôt du *linge sale;* le dépôt du matériel de *literie* plus ou moins *neuf;* le dépôt du matériel *ayant servi;* 4° le local des bureaux de *l'administration,* qui sera mieux placé à l'entrée de l'ambulance que partout ailleurs; 5° le *vestiaire* des malades.

Remarquons, en terminant, qu'une ambulance, quel que soit le système adopté, sera toujours extrêmement coûteuse; et, si on le peut, il sera toujours plus économique, quelles que soient les conditions du marché qu'ils imposent, de recourir aux hôpitaux du pays que l'on aurait à portée.

B. *Vidange.* — Le problème de la vidange hygiénique est actuellement insoluble dans une foule de villes, à cause des dépenses qu'il occasionnerait si l'on s'en tenait aux *desiderata* confus de l'hygiène nouvelle, et que l'on veuille tout concilier :

1° Débarrasser la maison à la fois des excréments, de l'odeur qu'ils exhalent, de l'infection qu'ils propagent ;

2° Ne pas encombrer l'égout, partout insuffisant, ne fût-ce qu'en raison de son diamètre, inférieur à la somme des égouts secondaires embranchés ;

3° Ne pas souiller, ni infecter la rue ;

4° Ne pas polluer les cours d'eau ;

5° Supprimer les dépotoirs nécessaires à l'épuration chimique, mais infects et peut-être infectieux ;

6° Utiliser sans danger l'engrais humain, source de richesse véritablement féconde ;

7° Étudier de plus près, au point de vue pratique et financier, les systèmes de double canalisation, et de canalisation pneumatique, sans compter le canal à la mer, infectant d'ailleurs le rivage où il aboutirait.

Dans les villes coloniales, mais surtout dans la plupart des établissements coloniaux, ce problème se pose d'une manière plus simple : débarrasser la maison sans infecter la rue, demeure toujours le point capital ; s'il y a un système d'égouts dans la localité où est situé l'établissement, on y conduira les vidanges ; s'il n'y en a pas, et en pays inhabité, comme ce sera généralement le cas hors de la zone tempérée, on pourra utiliser les cours d'eau, quitte à les polluer en aval ; ou essayer l'épandage sur le sol, à une distance suffisante des campements, avec ou sans utilisation agricole ; et à la condition d'avoir à sa disposition une superficie arrosable de 30 à 40 mètres carrés par habitant.

Disons, tout de suite, que ce dernier système paraît aujourd'hui la seule solution pratique, et le dernier mot du progrès.

Voici, à titre d'exemple, comment était résolu le problème dans les campements de Panama :

1º Tous les locaux habités devaient avoir, à la portée des habitants, des lieux d'aisance convenablement aménagés pour les besoins prévus de l'habitation.

2º Pour les habitations d'ouvriers, des urinoirs banaux seraient réservés et distincts des lieux d'aisance.

3º D'une manière générale, la fosse mobile serait le système adopté pour tous les locaux.

4º Les fosses mobiles, garnies, avant la mise en place, de matières absorbantes mélangées de sulfate de fer, seraient recouvertes chaque jour du même mélange, lorsqu'elles devraient demeurer plusieurs jours en service.

5º Le nombre des fosses mobiles dans chaque cabinet serait proportionné au nombre d'habitants du local qu'il dessert.

6º Les urinoirs des casernements seraient pourvus de tuyaux de décharge d'une certaine longueur, aboutissant à une fosse perdue, creusée loin du casernement.

7º Chaque matin, ces urinoirs seraient lavés à grande eau; au besoin, on les désinfecterait avec la solution de chlorure de zinc, à la dose de 1 à 5 pour 100.

8º Des fosses fixes, garnies également de matières absorbantes et de sulfate de fer, et recouvertes de doubles planches, seraient ménagées pour la vidange des fosses mobiles; elles seraient creusées, au fur et à mesure des besoins, à bonne distance des habitations, loin des cours d'eau, et de préférence dans des dépressions de terrains formant cuvette.

9º On pourrait utiliser comme matières absorbantes les balayures du campement, qui seront charriées chaque matin du campement aux fosses fixes.

10º Le transport des matières de vidange se fera — par un personnel spécial et déterminé — de la manière la plus rapide.

11º Sauf pour les habitations privées des agents, les lieux dits « à la turque », c'est-à-dire sans siège, seront adoptés comme règle générale.

A ceux qui nous objecteraient la minutie de ces prescriptions, disons que lorsqu'il s'agit d'organiser un service, il ne faut pas s'en tenir à des règles platoniques, mais procéder par des ordres formels.

C. *Désinfection*. — Il ne faut pas s'exagérer les difficultés de la désinfection. Elle se résume partout dans les règles suivantes :

1º Neutraliser les éléments toxiques des déjections au moyen de la *solution de sublimé* : deutochlorure de mercure, 1 gramme, eau 900 grammes, alcool 100 grammes. (Dissoudre.)

2º Recueillir les crachats des tuberculeux dans des *crachoirs* maintenus toujours humides.

3º Dégager, dans les chambres contaminées, de l'*acide sulfureux* obtenu par la combustion du soufre sur un réchaud (supporté sur des briques) à la dose de 30 grammes par mètre cube d'air à désinfecter. La chambre sera close, bien entendu, aussi hermétiquement que possible.

4º Passer à l'étuve les vêtements et objets de literie, ayant servi au malade suspect.

5º Brûler dans un four spécial les choses inutiles.

6º Laver à la solution de sublimé tous les planchers, meubles, parois.

7º Le *sulfate de fer* est un désodorant pour les fosses; il dissocie chimiquement les substances nuisibles... à l'odorat; mais rien ne prouve que ces odeurs soient malfaisantes.

8º Nous en dirons autant du *chlorure de zinc* employé en solution (10 grammes dans 100 grammes d'eau) pour désinfecter les urinoirs, et les lieux où séjournent des matières putrescibles.

Il sera facile au médecin, ou au chef du campement, de formuler des prescriptions détaillées et précises pour la désinfection particulière des habitations, des ambulances, des vêtements, des wharfs et magasins, et même des navires nolisés.

D. *Sépultures*. — Trop souvent, aux colonies, il faudra se préoccuper des sépultures et des cimetières ; la question des inhumations devient alors assez grave, en raison des difficultés de la main-d'œuvre sous un climat meurtrier.

« Nous avons vu dans certains établissements, à l'embouchure d'un fleuve d'Afrique, le cimetière, jusqu'alors « quantité négligeable », s'augmenter de vingt-deux tombes de Blancs en un mois, et nous n'étions que quatre-vingts. » (Ad. NICOLAS.)

Il n'est donc pas oiseux d'ouvrir un alinéa sur ce sujet.

Quand il s'agit d'un campement industriel, le moyen le plus pratique nous paraît être l'enfouissement des morts dans les talus de décharges, en sauvegardant le mieux possible les exigences de la morale et de la religion.

Le cadavre couché dans un lit de chaux, ou de toute autre substance capable de produire la *crémation chimique*, — contre laquelle personne ne proteste, — recouvert de plusieurs mètres cubes de terre, ne menacerait en rien les vivants. « Les marins apprennent, de bonne heure, à faire bon marché du sentiment quand il s'agit de sépultures ; après tout, le remblai, c'est le champ de bataille du terrassier, et ces tombes lointaines, quels que soient le culte et la race, sont destinées à demeurer à jamais sans prières. » (Ad. NICOLAS.)

En pays inhabités ou sauvages, dans des conditions d'insalubrité ou d'épidémie, l'hygiène impose pour le mode de sépulture des précautions plus rigoureuses.

Les plus indispensables sont les suivantes :

1° Assurer le rassemblement des cadavres dans un lieu surveillé ;

2° N'exiger que des manœuvres faciles, promptes, et, autant que possible, inoffensives pour les personnes chargées des inhumations.

3° Prévenir l'infection morbide émanant des cadavres.

La *crémation*, le mode le plus rassurant de destruction des cadavres, n'est pas applicable ici; car, si elle répond parfaitement à la troisième des conditions précédentes, elle exige des appareils spéciaux : il n'est pas aussi facile qu'on le pense de brûler un cadavre. Elle aurait en outre contre elle, en pays sauvage, les mêmes préjugés qu'en pays civilisé, préjugés respectables partout, mais qu'il serait ici dangereux de froisser (1).

Acculés à l'*inhumation*, pour la rendre autant que possible inoffensive, et pour atténuer ses conséquences, il faut établir des règles en ce qui concerne : 1° le lieu d'inhumation, le *cimetière*; 2° le *cadavre* inhumé.

1° *Cimetières*. — Ils doivent être placés à une certaine distance des campements et des chantiers, et à une certaine proximité des ambulances de campement, à deux cents mètres au moins de toute habitation.

Autant que possible, on les établira sur un coteau, et sur le versant de ce coteau exposé au vent dominant.

La *situation* la plus avantageuse d'un cimetière est donc celle où il occupe l'un des angles d'un triangle dont le campement et l'ambulance limitent la base, et *sous le vent* par rapport à eux.

La terre meuble, au point choisi, doit avoir une épaisseur d'au moins 3 mètres. Dans les pays chauds, la *profondeur des fosses* doit être fixée à 2 mètres environ, sur une longueur de 0^m,80. Un sol rocheux est donc éminemment impropre à tous les points de vue, puisqu'il est sans action sur le cadavre; un sous-sol rocheux, rencontré à une faible profondeur, est également défavorable, sous ce dernier rapport, car il limite la sphère d'action des

(1) M. Nicolas propose une forme de *sépulcre de pierre* et de *colombarium*, dans laquelle les cercueils viendraient se juxtaposer, puis se superposer sur un lit de chaux reposant lui-même sur une fondation de béton, le tout maçonné à l'entour.

éléments comburants du sol, et les terrains qu'il faut
choisir sont ceux qui hâtent la décomposition, à moins
qu'on n'en ait à portée qui la retardent indéfiniment.

De tous les sols, le terreau est celui qui active le plus
la décomposition; elle s'arrête toutefois à une limite : celle
à laquelle le corps est transformé en « gras de cadavre »,
c'est-à-dire saponifié.

C'est dans les terrains sablonneux qu'elle est le plus
ralentie; dans les terrains calcaires, et surtout dans les
terrains argileux, elle marche également avec lenteur; mais
les uns et les autres sont plus actifs que les sables et
moins actifs que le terreau.

L'humidité persistante du sol et du sous-sol est une
condition défavorable. La décomposition en devient excessive, en ce sens que l'humidité fertilise tous les milieux
parasitaires; et les produits ainsi engendrés sont forcément
entraînés par les eaux, qui ne peuvent, en aucun cas,
demeurer absolument stagnantes.

On a même assaini certains cimetières par le drainage,
qui consiste ici à enfoncer les tuyaux collecteurs à des
profondeurs de 3 à 4 mètres, ou même dans le sous-sol
des tombes, en agençant ces conduites de manière à diriger
les eaux sur un point où elles seront inoffensives.

L'*étendue* doit être aussi large que possible; toutefois,
le terrain doit être enclos, du moins en partie, du côté de
l'entrée, par exemple, au moyen d'une barrière qui le distingue des terrains environnants, et qui légitime la défense
d'enterrer les morts autre part.

On ne doit pas superposer les cadavres, mais on peut
les juxtaposer, en temps d'épidémie, dans des *fosses doubles* de 1ᵐ,70 de large. La tranchée, ou *fosse commune*,
faciliterait davantage le travail des fossoyeurs; mais elle
a l'inconvénient de laisser le cercueil pendant un temps
trop long sous une mince épaisseur de terre, ou à l'air
libre. Les fosses doubles, ou même triples, sont un moyen
terme.

La *distance* entre les fosses sera de 3 mètres dans le sens de la longueur, et de 1^m,50 dans le sens de la largeur.

Des *fossés d'écoulement* seront creusés au dehors et sur les côtés du cimetière, de façon à protéger les tombes contre les ravinements, et à écouler l'eau des pluies.

On y fera des *plantations*.

2° *Soins au cadavre.* — Le choix de la matière dont est fait le *cercueil* est subordonné au but que l'on se propose : conservation ou destruction. D'après ce qui précède, nous sommes pour la destruction rapide : un cercueil en bois léger, mince, quoique bien clos. Il faut qu'il laisse échapper le moins possible des produits de la décomposition pendant le transport et l'inhumation, c'est-à-dire pendant qu'il demeure à l'air libre; mais qu'il n'offre jamais qu'une barrière très provisoire à l'action décomposante et assainissante des éléments du sol.

On obtiendra une crémation chimique lente mais sûre, en recouvrant le corps d'une enveloppe de chaux. A défaut de chaux, une couche épaisse de sciure de bois imbibée de solution de sublimé retient suffisamment les gaz et les liquides en détruisant les microbes; et, à défaut de sublimé ou d'acide phénique, la sciure de bois seule est encore un préservatif.

On pourrait également envelopper le corps d'un drap imbibé de solution de chlorure de zinc à 10 pour 100 d'eau, ou de sublimé aux deux-millièmes.

Au point de vue de la rapidité de la décomposition, les modes d'inhumation se classent dans l'ordre suivant : 1° cadavre en contact immédiat avec le sol; 2° cadavre recouvert de toile ordinaire; 3° cercueils de sapin; 4° cercueils de chêne; 5° cercueils de plomb.

Dans le cas où une autopsie serait jugée nécessaire, on fera bien, en temps d'épidémie, d'injecter préalablement la solution de sublimé, soit par la voie artérielle, soit dans la cavité abdominale, moins pour retarder la putréfaction que pour détruire les microbes.

Le service d'inhumation peut être complété utilement par un *dépôt mortuaire* établi à proximité du cimetière, et par un *dépôt de cercueils* proportionnel au nombre des décès quotidiens.

La litière, le brancard, ou tout autre véhicule affecté au transport du cadavre ne doivent pas servir à d'autres usages.

V. — Police et administration sanitaire.

Un établissement colonial, quelle que soit son importance, ne peut se passer d'une police sanitaire ; c'est-à-dire que l'un des agents doit être nominativement responsable du *nettoyage*, qui est la base de l'hygiène.

Cet agent avec le personnel sous ses ordres, établit, dès le début, un service de voirie comprenant, outre le transport des immondices et des vidanges, le transport des morts, des blessés, des malades, qui sont amenés des chantiers ou des habitations aux ambulances et aux dépôts mortuaires des cimetières.

La désinfection, le service des eaux : surveillance des conduites, des réservoirs en temps de crues, nettoyage et mise en état des filtres ; les inhumations ; l'*allumage de feux* au voisinage des chantiers et des campements, le matin et le soir, pour renouveler l'air ; l'établissement de *cordons sanitaires* — que le chef du campement croirait utiles en cas d'épidémies voisines — sont également du ressort de cette « police ».

Elle devra se concerter avec le médecin pour la surveillance des *cantines*, et le contrôle des *denrées alimentaires*. Il sera toujours facile à l'entreprise de se réserver le contrôle ; et, dans tous les cas, elle demeure toujours

maîtresse de dénoncer, par l'affichage, les *fraudes* qui sont
la plaie des campements, surtout en pays américain.

D'ailleurs, il est très important que les *rapports de
service* entre le médecin et le chef du campement soient
réguliers : le « Rapport » militaire du matin est une sage
institution.

Enfin, si l'entreprise est d'une certaine importance, il
peut devenir nécessaire d'y réglementer la *prostitution*.
Depuis Suez et Panama, une telle proposition n'a plus rien
d'étrange.

DEUXIÈME PARTIE

LE COLON

S'il nous fallait une justification du cadre dans lequel nous avons restreint l'hyiène coloniale, nous la trouverions dans la signification vague du mot colon. Qu'est-ce qu'un colon? Une colonie américaine n'est pas une colonie en Amérique. Un Yankee n'est pas colon en Floride, et il l'est à Buenos-Ayres, ou en Chine, tandis qu'un Chinois ne l'est pas à San-Francisco.

Pour être colon américain, il est nécessaire, pour un Yankee, de sortir de « l'Amérique », sans que, pour cela, l'expatriation, même outre-mer, soit la caractéristique du colon.

Si par colon nous entendons l'Européen dans les pays chauds, nous excluons de la colonisation tous les autres peuples de race blanche; et, ce qui est plus grave, tous les peuples de race noire ou jaune; et il nous reste encore à définir les pays chauds au delà du 23e degré de latitude nord ou sud. L'Algérie, Terre-Neuve, le Canada, l'Australie, la Nouvelle-Zélande sont-elles des colonies; et ce mot a-t-il aujourd'hui quelque signification, en dehors de la géographie politique?

Si, d'autre part, nous exigions d'un colon l'expatriation *définitive* et le séjour *prolongé* en pays étranger, même

4

intertropical, nous supprimerions toute raison d'être à cette étude, puisque l'acclimatement est dès lors résolu, tandis que l'hygiène coloniale a surtout pour objet de l'assurer, et de prévenir les effets fâcheux de la transition d'un climat à un autre et des conditions inaccoutumées du nouveau séjour.

En fait, il importe peu aux entreprises coloniales, de nos jours, que la race qui les commandite ou qui les tente elle-même, puisse faire souche dans le pays nouveau : la résistance au premier choc du climat est l'important; et les préoccupations ne vont guère au delà, alors même que c'est un État qui s'aventure à la colonisation ou, pour parler plus correctement, à l'*annexion* du nouveau territoire.

Cette considération simplifiera beaucoup la seconde partie de notre travail, qui comprend, sous ces réserves, l'étude des conditions de *résistance* du colon aux influences débilitantes et pathologiques inhérentes à l'entreprise de colonisation, et des moyens d'entretenir et d'accroître cette résistance.

I. — Résistance

S'il s'agit de fonctionnaires ou de soldats, la question de résistance ne saurait être posée : individus et contingents sont expédiés au hasard du numéro et du tour de départ. De même, en pays malarien ou en pays froid, il n'y a pas à s'en préoccuper davantage; en pays froid, il n'y a pas lieu de poser la question; en pays malarien, il n'y a pas, sans assainissement préalable, d'acclimatement possible : les indigènes eux-mêmes ne résistent pas à l'impaludisme; et si l'on constate une différence, importante à signaler, malgré tout, c'est que l'indigène d'un pays marécageux : le *Nègre*, par exemple, en pays maréca-

geux tropical, contracte moins les accès pernicieux, et
les formes graves des fièvres, tout en étant plus accessible
aux formes vulgaires et surtout à leurs récidives, et
succombe plus vite et plus fréquemment à la cachexie.
En pays pareil, la colonisation, c'est la survivance, comme
dans le cas d'invasions guerrières.

Pour la question de résistance en pays chaud, il se
présente ce fait inattendu, que, dans les entreprises de
terrassement, par exemple, incontestablement les plus
insalubres, c'est le Blanc qui résiste le mieux à la fatigue
du travail et du climat; et le fait n'étonnera pas ceux qui
savent que les Noirs en Afrique, les Indous dans l'Inde,
ont une morbidité supérieure à celle des Blancs dans les
expéditions militaires ou les explorations, en ce sens que,
moins accessibles, peut-être, aux maladies malariennes
dans leur pays natal, ils sont plus accessibles aux autres;
qu'ils perdent leur immunité vis-à-vis des premières quand
ils s'y exposent hors du pays natal; et qu'enfin si, dans
certaines colonies, le nombre des entrées à l'hôpital est
inférieur pour les indigènes, le nombre de journées de
séjour à l'hôpital est inférieur chez les Européens.

Il faut remarquer toutefois, que cette supériorité de
résistance du Blanc décroit en raison inverse de la latitude; c'est-à-dire que, dans les basses latitudes, les fièvres
pernicieuses et les grandes épidémies malariennes aggravent la morbidité et la mortalité chez le Blanc, tandis
que, dans les latitudes élevées, ce sont les maladies communes qui les aggravent chez les Noirs, les Hindous, etc.;
et, bien qu'il faille tenir compte de la rareté de ces
maladies « communes » dans les basses latitudes, il est
évident que l'expatriation *déconcerte* physiologiquement
toutes les races.

Aux États-Unis, où elles sont mélangées dans des
conditions d'existence presque normales, on trouve
(*Census* décennal de 1880) pour 1.000 décès généraux,
chez les hommes, les chiffres suivants de décès mala-

riens : Blancs : 39.33; Gens de couleur : 67.39; Indiens : 43.13; et, si l'on veut pousser plus loin la statistique, pour des régions des États-Unis où les races sont plus généralement représentées, on trouve, pour 1.000 décès généraux, chez les hommes.

	CONSOMPTION	MALARIA
Blancs	126.2	30.7
Gens de couleur	139.1	48.3
Irlandais	198.4	12.9
Allemands	123.6	14.1
Indiens (des deux sexes).	286.99	41.85

Dans des entreprises industrielles, la morbidité et la mortalité seront surtout aggravées, chez les races inférieures, moins familiarisées avec notre industrie moderne, par le traumatisme et ses conséquences.

En résumé, il faut préférer les indigènes aux étrangers pour les travaux industriels, dans leur pays natal; les Noirs à toutes les autres races au voisinage de l'Équateur et dans les localités fortement malariennes. C'est sur le Blanc qu'il faut le plus compter partout ailleurs.

Mais, dans une entreprise industrielle, la résistance morbide n'est pas tout : il faut tenir compte aussi de l'*aptitude* au travail. Le Chinois, excellent agriculteur, est moins bon terrassier; le Chinois du Nord travaillerait mieux que le Chinois du Midi, mais il résiste moins sous les tropiques; celui-ci ne vaut guère. Au début de leur émigration aux États-Unis, les Chinois n'en étaient pas moins appréciés comme terrassiers et comme mineurs; mais leur aptitude est autre : il faut qu'ils se résignent pour faire ce métier, qu'ils n'aient pas d'autre moyen pour se tirer d'affaire. Les Hindous, de mœurs faciles, sont de piètres travailleurs. Parmi les Nègres, qui sont supérieurs aux uns et aux autres, il y a des distinctions à faire : le *Martiniquais* ne

vaut pas le *Jamaïquais*; le *Colombien*, indiscipliné, vaut
mieux que l'un et l'autre. Les Kroomen, cette race supérieure de Nègres, sont plutôt marins, comme les Cabindas.
Parmi les Arabes, les Marocains sont, dit-on, excellents
terrassiers; et les Égyptiens leur sont encore supérieurs.
Enfin, parmi les Blancs d'Europe ou d'Amérique, les Ita-
liens, qui sont les meilleurs terrassiers du monde, résistent
mal aux climats équatoriaux...

C'est en ceci surtout, que la colonisation ethnique diffère
de la colonisation industrielle : la facilité d'adaptation des
diverses races aux divers climats, qui a servi de base aux
appréciations de résistance morbide aux « colonies », est
en dehors de notre étude.

Dans tous les cas, il faut éliminer du *recrutement* d'ouvriers pour une entreprise industrielle en pays chaud, et
surtout en pays malarien, tous ceux qui présentent une
tare constitutionnelle quelconque. Dans toutes les épidémies, les victimes sont principalement des gens affaiblis
sous toutes les latitudes, mais surtout sous les tropiques.
Dans la zone particulièrement malsaine qui avoisine
l'équateur en deçà du 10e degré, un embonpoint exagéré
est une tare. Les obèses sont mous, transpirent d'une
manière excessive, même en Europe, ont le cœur paresseux
et toujours menacé de la dégénérescence graisseuse, qui
est elle-même une des conséquences de la cachexie paludéenne, et de certaines formes aiguës de la fièvre ; ils ont
un plus grand besoin d'air, respirent plus difficilement,
avec plus d'efforts; et l'on peut se demander, en théorie,
si en introduisant plus violemment l'air dans leurs pou-
mons, ils n'introduisent pas, en même temps, plus de
germes morbides. Toujours est-il qu'on ne peut compter
sur la résistance des obèses.

« Il est superflu d'énumérer toutes les tares résultant
du valétudinarisme à tous ses degrés et sous toutes ses
formes. Il tombe sous le sens, qu'un estomac qui digère

mal dans nos contrées digérera plus mal encore sous les tropiques, où le choix des aliments est borné; où les sucs digestifs sont appauvris; où l'appétit est languissant; où la soif, toujours ardente, sollicite le dyspeptique à introduire en abondance dans son appareil digestif des boissons alcooliques, qui accroissent la torpeur habituelle chez les uns, ou des boissons aromatiques qui accroissent son irritabilité maladive chez les autres.

» Le tempérament nerveux est une bonne condition de résistance; mais il n'en est pas de même de l'état nerveux sous ses formes maladives. Les troubles de nature nerveuse sont des tares; en particulier, ceux qui caractérisent l'énervement en Europe : vertige, insomnie habituelle, paresse de l'attention et de la mémoire, fatigue du regard, crampe de l'estomac, etc. » (Ad. NICOLAS.)

Il est clair que ces inconvénients iraient en s'atténuant dans des zones supérieures; mais c'est agir contre son propre intérêt que de dissimuler, au moment de l'engagement, toute maladie, toute infirmité, toute *tare* maladive de nature à compromettre la résistance.

Pour l'envoi des femmes européennes en de pareilles contrées, il faut se montrer assez sévère.

Les femmes chez lesquelles la rupture mensuelle de l'équilibre physiologique est souvent accompagnée de phénomènes maladifs, présentent alors une résistance particulièrement précaire.

Bien portantes, elles sont pour les travailleurs un embarras, une préoccupation, un souci de tous les instants; malades, elles paralysent l'énergie de leurs maris, les retiennent au logis, épuisent leurs forces par les veilles autant que par le chagrin, si bien qu'il n'est pas rare, la femme étant rétablie, de voir le mari tomber malade à son tour, dans ces conditions d'épuisement, et finalement succomber. L'employé, dans des contrées particulièrement insalubres, ne peut que gagner à se placer dans les conditions du soldat et du marin en campagne : le chagrin de l'absence est encore préférable aux soucis de la vie en commun dans des conditions pareilles.

Toutefois, il n'y a rien d'absolu dans ces conseils et, bien qu'il soit toujours vrai que le stoïcisme du marin est une bonne condition de résistance, l'employé européen qui n'a pas subi le même *entraînement* ne peut que gagner souvent à vivre en ménage : il ne faut pas méconnaître les avantages économiques, hygiéniques et sociaux du mariage.

Quant aux autres races que la nôtre, en dehors des Chinois, — l'expatriation des femmes étant sévèrement interdite en Chine, — le besoin sexuel est plus impérieux que chez nous, et il convient d'en tenir compte.

Tout le monde reconnaît, aujourd'hui, l'importance de ne faire les envois de personnel qu'aux époques de moindre insalubrité. C'est essentiel pour les Noirs, aussi bien que pour les autres races. Et surtout, il ne faut faire ces envois qu'après s'être assuré que les logements sont prêts à recevoir les nouveaux venus. Un campement hasardeux, un mauvais couchage, une nourriture mal préparée, compromettent le premier établissement dans les pays les moins insalubres.

En cas d'expédition militaire, il faut « organiser la colonne avant le débarquement » (Ch. Simon, *Mém. cour.*)

Enfin, il faut choisir la saison chaude pour le rapatriement des pays chauds. Et ce rapatriement ne saurait trop tarder quand le sujet est épuisé ou malade, puisqu'il continue de s'affaiblir sans rendre de services.

On s'est posé, dans les colonies particulièrement insalubres, la question de savoir s'il faut exclure du recrutement les sujets qui ont été une première fois éprouvés par la fièvre. C'est poser la question des récidives, qui sont niées pour la fièvre jaune, d'où il résulterait qu'une première atteinte confère l'immunité. Comme on dit en langage du jour, c'est une vaccination.

« D'abord, un « paludéen » qui, dans une région aussi insalubre que les placers des Guyanes, Sierra-Leone, le centre Amérique, Guayaquil, etc., n'aura eu que des fièvres intermittentes, semble garanti contre les autres : la sélection s'est opérée en sa faveur. Cependant, cette garantie est absolument illusoire. Si cet impaludisé s'est guéri en Europe, il se trouve dans les mêmes circonstances à son retour aux colonies : il est peut-être plus réfractaire qu'un autre à la fièvre jaune, mais il est prédisposé aux accès périodiques.

« Un homme atteint une première fois de fièvre jaune semble posséder, il est vrai, une certaine résistance, puisqu'il n'est pas mort; cependant, lorsqu'il est complètement rétabli de sa première atteinte, il se trouve dans les mêmes conditions qu'auparavant; sa « vaccination » est également illusoire.

« Un homme porteur de congestion du foie, de même qu'un dysentérique, doivent être éliminés d'une manière absolue. On ne les réformerait pas dans l'armée ou la marine, mais les conditions sont différentes dans le commerce et l'industrie : l'armée ou la marine sont une carrière, tandis que nos réformés ne sont pas plus liés à nous que nous ne sommes liés à eux, et le rapatriement est toujours notre pierre d'achoppement. » (Ad. Nicolas.)

Ayant fait ainsi un choix rigoureux d'hommes sains et valides, comment s'y prendre pour entretenir et pour accroître leur résistance?

II. — Le régime.

A. — Le problème de l'*alimentation* de l'Européen dans les pays chauds est l'un des plus délicats de la physiologie. Les uns conseillent de ne rien changer aux habitudes d'Europe; les autres conseillent l'*indigénisation*. Le premier conseil est mauvais ; comment le justifier, alors que tout est différent dans les conditions de la vie : température, travail, exercice, repos, fatigue? Le second est inapplicable:

à côté de peuplades qui suivent exclusivement le régime
végétal, on en trouve d'autres, comme les Niams-Niams,
par exemple, dont le cri de guerre est : « De la viande,
de la viande! » et qui pratiquent le cannibalisme par
raffinement, dans des contrées giboyeuses. Presque tous
nos candidats se sont élevés, avec raison, contre cet idéal
de l'indigénisation qui, en fait d'alimentation, n'est qu'un
leurre. Imiter l'indigène? Mais c'est par nécessité, que
l'indigène se nourrit comme il le fait. Or, il se nourrit
mal parce qu'il est pauvre, ou paresseux et, tout au moins,
aussi mal servi que nous par son instinct. D'ailleurs, si
nos aliments d'Europe ne nous accommodent pas, c'est
qu'ils sont mauvais, altérés. « Aux colonies, dit M. Simon,
(*Mém. cour.*), la nourriture doit être presque une nourriture de malades. »

Dans le *Guide hygiénique et médical* du voyageur dans
l'Afrique centrale, nous avons personnellement étudié,
avec beaucoup de persévérance, cette question de l'alimentation en pays chaud, soit au point de vue de l'explorateur en Afrique et de l'utilisation de la faune et de la flore
indigènes, soit au point de vue du terrassier en pays
paludéen et de la variation que doit subir la ration nor-
male suivant le travail et le climat; et les discussions qu'a
provoquées cette question au dernier Congrès d'hygiène de
Wurzbourg, en 1893, nous prouvent que, sans sortir de
l'Europe, elle n'est pas nettement résolue. Nous pensons
cependant que l'on peut établir dans ce Manuel quelques
propositions suffisamment précises.

Adoptons la ration type de A. Gautier :

RATION	Pain	Viande	Graisse	CONTENANT en Carbone	Azote
	grammes	grammes	grammes		
Ordinaire.	829	239	60	280	20.00
De travail.	361	175	33	170	8.74
TOTAL pour un bon ouvrier	1.190	414	93	450	28.74

On peut la considérer comme une ration moyenne. Comment la varierons-nous ? selon l'énergie dépensée, selon la zone, selon la constitution du sujet, la capacité digestive, l'appétence, etc. ; selon les ressources de la contrée, de l'agent, de l'entreprise, en modifiant les proportions des principes alimentaires : 1° substances albuminoïdes ou azotées, (viandes, œufs, etc.) ; 2° aliments complets (lait) ; 3° aliments féculents et azotés (pains, légumes azotés) ; 4° aliments exclusivement féculents (riz, pommes de terre) ; 5° végétaux azotés et féculents au minimum (légumes herbacés et fruits) ; 6° aliments particulièrement sucrés (patate douce, fruits : banane, etc.)

Un premier point acquis, c'est que les *graisses*, utiles dans les pays froids, sont plutôt nuisibles dans les pays chauds. Les graisses, si elles sont brûlées, accroissent la chaleur animale ; si elles ne le sont pas, elles s'emmagasinent et produisent une surcharge, qui, chez le Blanc sédentaire, détermine l'obésité, si commune sous les tropiques parmi les Européens, même jeunes, qui l'eussent évitée sous d'autres climats. On comprend que, de ce fait, elles soient utiles dans les pays froids, où les matières grasses et l'huile animale, en particulier, sont d'autant plus précieuses, que l'approvisionnement d'éléments hydro-carbonés d'origine végétale est impossible dans les glaces circumpolaires.

L'élément carboné serait avantageusement représenté, dans les pays chauds, par les *féculents :* « Ils produisent peu de chaleur ; ils sont dissous lentement dans l'appareil digestif ; ils exigent un travail digestif continu ; leur usage permet des repos convenablement espacés, ce qui ne pourrait avoir lieu pour les sucres, matériaux alimentaires du même ordre. Ils conviennent surtout aux sédentaires, parce qu'ils réclament peu d'exercice pour être détruits, quand ils sont lentement convertis en glycose. » (Bouchardat).

D'autre part, le *sucre* est très copieusement représenté

dans la flore tropicale et l'appétence, pour cet aliment, est assez générale chez les indigènes. Il est vrai que les matières grasses sont très en faveur chez eux; mais l'usage de fécules vraies est, pour ainsi dire, universel dans les pays chauds, comme partout ailleurs.

Il en serait de même de la *viande*, s'il n'était pas plus difficile de s'en procurer : d'après Lubbock, il faut 750 animaux, par an, pour nourrir un homme, chez un peuple chasseur; et, si l'on peut reprocher aux résidents de ne pas utiliser davantage la chasse au moyen des indigènes, en pays sauvage, on voit que cette ressource sera toujours très précaire.

L'essentiel est de savoir que l'on ne trouve nulle part de contre-indication à l'usage de la viande. Son seul défaut, dans les « colonies », est d'être de mauvaise qualité, et les *salaisons*, quoiqu'elles soient facilement digérées, sont peu réparatrices. Elles rehaussent le régime et s'associent très bien aux féculents pour compléter la ration. L'aliment azoté est le *sanguifiant* par excellence; le sel marin combat thérapeutiquement l'appauvrissement du sang; on ne saurait donc négliger cet élément nutritif, chez les Noirs eux-mêmes, qui sont loin d'y répugner et n'en souffriraient que si la dose en était abusive, ce qu'il n'est que trop facile d'éviter.

Lors même que les viandes sont inférieures, que les digestions sont ralenties par la pauvreté des sécrétions digestives en pays chauds, que l'appétence est amoindrie, les viandes sont utiles encore. Elles activent la transformation ultime des autres produits azotés, et, si elles produisent moins de force que les fécules, elles produisent également moins de chaleur. Tandis que les unités de force produites par la farine et la viande de bœuf (maigre) sont comme 16 est à 6, environ, les unités de chaleur produites sont respectivement comme 4 est à 1.

Malgré tout, la digestibilité des aliments ingérés est la condition première. On ne saurait, il est vrai, traiter tous les ouvriers du campement comme des dyspeptiques, mais la dyspepsie n'y sera pas rare, et les agents doivent savoir qu'ils se trouveront mieux de faire usage d'aliments substantiels sous un petit volume; que les substances féculentes sont plus digestibles quand on les a débarrassées de leur enveloppe corticale; que les viandes maigres, molles, aqueuses, le sont plus que les viandes dures, compactes; que les viandes salées doivent leur digestibilité plus grande à ce que la salaison, comme la fumure, a réduit les tissus rebelles à la digestion qui enveloppaient ou emprisonnaient les éléments nutritifs; que la mastication consciencieuse est indispensable; que la digestibilité des viandes est, dans une certaine mesure, en raison de leur degré de cuisson, le jus de la viande accroît la digestibilité, les sauces la ralentissent; le poivre active la salivation, comme le sel, et peut-être aussi la sécrétion gastrique : c'est le rôle des *condiments* en général, dont il faut savoir user et non abuser; parce que l'estomac, d'abord surexcité par eux, finit par se *cuirasser* contre eux; et que cette atonie, s'ajoutant, d'ailleurs, à celle qu'engendre le climat lui-même, s'aggrave de plus en plus à mesure qu'on augmente progressivement la dose de ces condiments nécessaires, pour l'impressionner.

Il faut savoir tirer parti des *mets nationaux* dans l'alimentation des indigènes qu'emploie l'entreprise. L'attachement aux mets traditionnels est universel dans le monde : un noir du Gabon émigré à Cayenne à qui l'on demandait ce qu'il regrettait du pays natal répondit que c'était l'*oguma*, infecte bouillie sûre de manioc dont nos pauvres ne voudraient pas. Ces mets sont toujours ceux qui stimulent le mieux l'appétit; et partout où il le peut, l'indigène les ajoute à sa ration. S'ils ne sont pas les meilleurs, c'est quelque chose que l'estomac en ait contracté l'habitude atavique; et la satisfaction qu'ils procurent n'est pas indifférente : or, c'est toujours une fête, même en plein Paris, que de s'attabler autour du mets national.

Que dire de plus ? Si l'on se porte bien, on mange, non pas tout ce qu'on veut, mais tout ce qu'on peut; si l'on est mal portant, on se règle sur les données qui précèdent ou sur le conseil du médecin. L'essentiel est que l'entreprise ne se désintéresse pas de ces questions d'alimentation de ses employés. On sera presque toujours trop disposé à ne pas s'occuper des détails : l'ingénieur se cantonnera dans sa tranchée, le comptable à sa caisse, le médecin à son infirmerie; tout le monde sera satisfait lorsqu'on se sera entendu sur le taux du salaire. C'est, la plupart du temps, un mauvais calcul; l'Entreprise fera mieux, au contraire, d'intervenir dans l'alimentation, soit en se chargeant elle-même de la nourriture des ouvriers, ce qui, dans certains campements en pays désert, est obligatoire; soit en leur offrant dans les autres conditions un repas supplémentaire qu'elle rendrait aussi substantiel qu'il convient, et qui, pris sur les travaux mêmes, retiendrait les ouvriers au chantier aux heures du travail; soit, dans tous les cas, en surveillant les cantines, où elle ne laissera débiter que des denrées de bonne nature.

Ce contrôle ne peut, de toute façon, s'exercer qu'à la condition de se mêler d'assez près à la vie des ouvriers; c'est l'affaire du médecin, qui est un agent indispensable des grandes entreprises coloniales, et dont toutes aujourd'hui reconnaissent l'utilité. Le médecin est l'hygiéniste naturel du campement, parce que lui seul est compétent en hygiène, la plupart du temps; mais il serait à désirer qu'il en fût autrement, et qu'il trouvât chez l'ingénieur ou le directeur les connaissances que les médecins de la marine sont heureux de trouver chez le second du bord ou le commandant; car il est bien plus aisé pour le « commandement » d'avoir à exécuter des mesures qu'il a prévues, que de condescendre à ordonner celles qu'un subalterne lui conseille. Nous sommes ainsi faits que le conseil nous humilie souvent et d'autant plus que nous sommes plus ignorants; car il n'y a pas de honte à ne pas tout savoir quand on a beaucoup appris.

B. — Nous conseillons la régularité des *repas*, et nous sommes surpris qu'il y ait, à cet égard, des dissidences. La vie n'est qu'une succession d'actes périodiques et qu'un ensemble d'habitudes. Nous pensons qu'il vaut mieux, pour l'estomac, digérer aux mêmes heures et se reposer aux mêmes intervalles. Toutefois c'est un organe, au demeurant, assez complaisant. Le moindre changement dans les heures des repas est d'abord mal supporté : un retard du déjeuner donne la migraine; mais, quand on est bien constitué, on n'a pas trop de peine à contracter de nouvelles habitudes. Rien n'empêche donc, lorsque l'on s'expatrie, de changer celles qu'on a, si elles sont mauvaises. Les heures de nos repas sont plus ou moins réglées pour le climat d'Europe; il peut y avoir avantage à les régler autrement pour les climats nouveaux, et la réglementation du bord, pendant la traversée, prépare au changement.

Tout le monde est d'accord, en pays malarien, sur ce point que « la résistance de l'organisme sera assurée par la prescription, absolument réglementaire, d'un repas chaque matin avant le commencement du travail : nous disons un repas, afin qu'il soit bien entendu qu'il ne doit pas s'agir d'une de ces collations légères en usage chez les ouvriers, se réduisant souvent à un morceau de pain et à un verre de vin ou de liqueur, mais bien d'un plat relativement substantiel et chaud, comme une soupe, dont le bouillon peut être avantageusement remplacé, ainsi que le fait a lieu dans notre armée d'Afrique, par une infusion de café » (L. Colin.) La raison de cette prescription est que l'absorption est plus active à jeun, et qu'alors l'organisme est plus ouvert, pour ainsi dire, aux miasmes, qui se dégagent avec plus d'activité aussi, et séjournent dans le brouillard du matin.

Le déjeuner sera léger, surtout si l'on ne doit pas se livrer ensuite à un *exercice physique* fatigant.

Le repas copieux sera le repas du soir, que l'on reculera jusqu'au coucher du soleil, afin de ne pas être incommodé par la chaleur.

Enfin, l'habitude anglaise de prendre du *thé* dans la soirée est excellente, en ce qu'elle ajoute une somme d'aliments à ceux de la journée. Il faut que le thé soit léger pour ne pas compromettre le sommeil de la nuit. De même l'habitude espagnole du *chocolat* le matin, au lever, est excellente également, surtout pour les gens habituellement sujets à la constipation ; mais l'effet laxatif du chocolat est à courte portée et il faut savoir obéir à son premier appel.

C. — La question des *boissons* n'est guère intéressante pour nous qu'en pays chaud.

En général, dans les pays chauds, il faut boire le moins possible, et résister à la soif autant qu'on le peut. On y gagne d'avoir moins soif et de moins transpirer. Les boissons, quelles qu'elles soient, entretiennent la soif, en ce qu'elles provoquent la transpiration, qui est une perte d'eau débilitante, et le besoin de boire pour réparer cette perte. C'est un cercle vicieux.

Dans certaines contrées, toutefois, il y a une réserve à faire à ce principe trop absolu. Les pertes d'eau y sont toujours excessives ; et, dans les journées énervantes, boire rafraîchit, tonifie et soulage. Il est donc plutôt utile que nuisible d'y ajouter des doses supplémentaires de boisson du régime d'Europe. Si l'on ne buvait qu'aux repas, l'on aurait trop de tendance à ingurgiter une grande quantité de liquide, qui *noierait* les aliments et surchargerait l'estomac en le « délayant » sans profit.

Dans ces contrées exceptionnelles, on se trouverait bien, par conséquent, de boire en dehors des repas ; mais encore faut-il boire alors le moins possible, à des heures régulières, et méthodiquememt, « à petits coups », en faisant frôler au liquide les parois de la bouche : il faut s'en gargariser, pour ainsi dire, avant de l'avaler. Cette manière de faire apaise plus sûrement la soif que l'ingurgitation brusque d'un plus grand volume de liquide. Le besoin de boire, qui caractérise la soif, a plutôt son siège dans la bouche, bien que l'eau réparatrice soit réclamée par tout l'ensemble du corps.

Tout le monde connaît, d'ailleurs, les exemples cités de morts subites causées par l'ingestion brusque de boissons trop fraîches, le corps étant en sueur.

L'usage de la glace tend à se répandre de plus en plus dans les pays chauds. L'eau glacée est, en effet, une excellente boisson. Elle produit mieux que toute autre ce triple résultat : rafraîchir, désaltérer, délasser.

Toutefois, les boissons chaudes auraient leur utilité à de certains moments et dans certains pays. Après de grandes fatigues, le jour, ou aux heures de repos, le soir, on se trouverait bien d'une tasse de thé un peu chaud, ou même de bouillon substantiel qui tonifierait l'estomac en réparant les forces.

L'addition de boissons aromatiques à l'eau glacée est également très utile. Presque toutes ces boissons sont alcooliques ; mais, lorsqu'elles sont fortes en alcool, on peut en diminuer la dose sans en amoindrir l'effet.

Il faut se garder de l'abus de l'alcool dans tous les pays chauds. M. Ch. SIMON (*Mém. cour.*) nous apprend que des commandants d'expédition en ont interdit l'usage, et les approuve. L'usage de l'alcool est surtout périlleux dans les pays chauds, parce que l'habitude de boire souvent s'y contracte d'autant plus facilement que la boisson est plus excitante. L'ivrognerie s'ensuit progressivement, à l'insu du buveur. Il ne faut jamais boire seul, et n'avoir jamais d'alcool chez soi.

En est-il de même en pays froid ? L'alcool ne combat pas directement le froid et ne facilite pas directement le travail. « D'après Knüll, l'armée russe ne fait pas usage d'alcooliques en temps de marche, par les grands froids. Les guides, dans les Alpes suisses et à Chamonix, se prononcent à l'unanimité contre l'emploi des liqueurs fortes pour leurs courses d'hiver ; ils se bornent à prendre un peu de vin. Enfin, les baigneurs de Dieppe, qui ont à passer de longues heures dans l'eau, ont également constaté que l'alcool leur est très nuisible... En thèse générale, les ouvriers qui sont appelés à développer beaucoup de force musculaire constatent qu'il est préférable de s'abstenir de liqueurs fermentées. Les pugilistes anglais pendant l'entraînement s'en privent complètement ». (Proust.)

Nous pensons toutefois que ces remarques ne sont pas décisives. En effet, « il paraît démontré qu'une faible quantité d'alcool, environ 30 grammes, relève les forces chez un homme fatigué, surtout s'il y ajoute un peu de nourriture solide » (Ibid.); et, comme le dit Laveran « toutes les expériences faites sur les animaux pour démontrer que l'alcool diminue la température du corps, et qu'il est éliminé à l'état d'alcool, ne prévaudront pas contre l'expérience des voyageurs qui ont séjourné dans les pays froids et qui ont constaté les excellents effets des boissons alcooliques, ni contre le goût si prononcé des habitants du Nord pour ces boissons ». Ne pourrait-il se faire que l'alcool excite les oxydations de tous les aliments ?

A un autre point de vue, pour les dyspeptiques, écrit Germain Sée, « l'usage, à la fin des repas, d'une petite quantité de vin alcoolisé pur (vin d'Espagne, etc.), ou mieux encore d'une liqueur non sucrée, favorise singulièrement la digestion... Sous les climats les plus opposés, dans les contrées les plus variées, chez les races les plus diverses, on a imaginé des boissons fermentées, tant pour subvenir à l'entretien des forces, que pour faciliter la digestion ; il est rare de rencontrer des exceptions ; la plupart des individus ne peuvent se passer d'une boisson alcoolique pour digérer ;

5

les buveurs d'eau constituent une infime minorité, qu'on rencontre et qu'on cite comme des anomalies…Au-dessous d'une certaine dose, il n'a pas le moindre effet sur la digestion; en prenant la valeur de 20 grammes de liqueur, soit 4 à 5 grammes d'alcool éthylique à 90 degrés, on est bien sûr, surtout si le liquide vient se mêler à la masse alimentaire à la fin du repas, de produire les effets les plus favorables; il est inoffensif d'en répéter l'usage à chaque repas; le danger existe lorsqu'on prend cette même quantité avant le repas, et surtout lorsqu'on la dépasse de façon à produire les phénomènes de l'intoxication aiguë. C'est uniquement une question de mesure ».

Question de mesure, en effet : si un petit verre soutient, plusieurs peuvent abattre. On connaît le mot de l'ivrogne, plus expressif que toute démonstration.

Question d'opportunité, ajouterons-nous : l'alcool alourdit *avant* l'ascension, la course, la promenade, le travail ; il relève et tonifie *après*. Il *engourdit* l'estomac avant le repas, il le *fouette* après par la distension qu'occasionne sa transformation gazeuse et, peut-être, excite son pouvoir digestif, alors que la muqueuse, avivée par le commencement de la digestion, est plus exposée à son action directe.

En tous cas, le *vin* participe de ses avantages et possède des propriétés toniques qui lui sont propres, et que l'on peut utiliser plus franchement.

La *bière* glacée, prise en petite quantité n'a rien de nuisible; mais d'aucuns lui reprochent d'entretenir la soif et d'alourdir les jambes et l'esprit.

Les *limonades* acides et écœurantes, ne valent pas l'eau pure sucrée et aiguisée d'un doigt de vin. L'eau vineuse sucrée est la meilleure des limonades, et les remplace à moins de frais. Elle tonifie l'estomac sans l'anesthésier comme le font les limonades.

Tout le monde est d'accord sur l'utilité du *café* faible, ou du *thé;* mais nous pensons que la meilleure boisson est encore l'*eau* à la condition qu'elle soit bonne, et surtout inoffensive; mais la question de l'eau réclame une atteution particulière. C'est l'une des plus importantes à résoudre, dès le début de l'installation, et même avant l'installation; car tout le monde comprend combien il est important d'avoir, à portée, de l'eau pure pour la boisson et même de l'eau abondante pour le nettoyage, sans parler de l'alimentation des machines dans une colonie industrielle.

D. — L'*eau potable* peut contenir accidentellement des germes morbides : microbes figurés ou leurs excrétions; et contribuer ainsi, dans des circonstances plutôt exceptionnelles, à la contagion et à la propagation des épidémies.

C'est dire que l'appréciation des qualités physiques, chimiques et organoleptiques de l'eau n'est plus suffisante aujourd'hui pour déterminer sa valeur hygiénique. Toutefois, l'analyse chimique est nécessaire, d'autre part, pour compléter l'examen bactériologique; et si cet ensemble d'études était indispensable dans une colonie ou un établissement colonial quelconque, on pourrait mourir de soif et l'entreprise industrielle pourrait être achevée, avant que l'hygiène ait eu toute satisfaction sous ce rapport. Heureusement, l'expérience que poursuivent les générations humaines depuis l'origine de l'humanité établit l'innocuité de l'eau potable dans les conditions ordinaires, contre les alarmes des élèves et des maîtres de la bactériologie, et les conclusions d'enquêtes boiteuses auxquelles a toujours manqué le contrôle de la contre-enquête.

Voyons maintenant quelles sont les garanties de l'innocuité d'une eau de bonne apparence, c'est-à-dire se maintenant, après repos, *limpide, insipide, incolore, inodore, fraîche,* et d'une *température constante?*

S'il s'agit d'une eau de *source*, il faut d'abord s'assurer de sa provenance.

L'eau de source peut avoir une origine très profonde, géologique, si l'on peut dire; et l'on peut considérer comme tout à fait exceptionnels les cas où elle n'est pas alors plus ou moins copieusement minéralisée, sapide et même thermale. Une eau pareille sera facile à reconnaître et facilement repoussée. C'est habituellement le cas de l'eau *artésienne*.

Si l'eau d'origine profonde est fraîche, insipide, incolore, inodore, elle provient vraisemblablement des pluies tombées à la surface du sol, et infiltrées dans ses profondeurs ; une eau *froide* provient d'un cours d'eau voisin, après un faible parcours, et son origine ne saurait être bien profonde, en raison de l'échauffement qu'eût déterminé le sol lui-même.

Dans ces conditions, l'eau peut encore être assez fortement minéralisée, quand elle a traversé certains sols ; et l'on ne sera pas garanti contre les inconvénients de cette minéralisation quand on aura constaté l'absence absolue de couleur, d'odeur, de trouble, attendu que les éléments minéraux peuvent encore être toxiques à dose infinitésimale dans l'eau « potable » ; mais ces cas sont exceptionnels, et l'on pourra s'en tenir aux résultats de l'analyse, telle qu'elle peut être pratiquée dans tous les laboratoires, si la colonie en possède. Dans le cas contraire, il faut bien attendre les résultats de l'expérience ; mais ce cas est commun, au village, et les accidents sont à ce point inconnus que l'on peut s'en tenir à la pratique vulgaire, hors le cas d'épidémies ou de maladies accidentelles généralisées.

Ce qu'il faut surtout redouter dans les eaux potables, c'est la présence des matières organiques ; or, ces matières n'existent plus dans l'eau d'infiltration, détruites qu'elles sont par le sol lui-même, dans les conditions normales.

Ces conditions normales sont l'absence de causes d'infection sur le parcours de l'eau, et dans le voisinage de la source : marais, dépotoirs, usines, lieux d'aisance. Il faut donc éviter ce voisinage ; et l'on peut dire que tout danger disparaît, si l'on puise l'eau à une centaine de mètres

— mettons cinq cents mètres — de ces causes d'infection,
et à une profondeur de deux ou trois mètres, surtout si
l'on s'est assuré que la filtration s'opère bien dans un sol
qui ne doit être ni caillouteux, ni rocheux sur le parcours.

L'eau la plus pure dans une localité isolée est généralement l'eau *courante*, surtout l'eau *torrentielle*, dans l'intervalle des pluies abondantes. Il faut, sans doute, que le cours
d'eau ait une certaine pente, et qu'il n'existe aucune cause
d'insalubrité sur les bords en amont de la prise d'eau. Ces
conditions sont banales aux colonies; et il est démontré
que l'eau courante se purifie rapidement dans son parcours,
et qu'elle devient même bactériologiquement pure à une
faible distance d'agglomérations humaines importantes.

Il n'y a pas longtemps, il fallait encore insister sur ce
fait que l'eau pure est la meilleure à boire; et que l'eau
chimiquement pure n'est nullement malfaisante.

Dans tous les cas, il faut *filtrer* l'eau potable. On peut,
sans doute, s'en dispenser, quand il s'agit d'eaux éprou-
vées qu'aucune cause de contamination ne menace aux
alentours de la résidence; mais la filtration est une pratique éminemment prudente, que l'on regrette de ne pas
voir plus répandue aux colonies.

Étant donné que les eaux nocives le sont par la présence
d'éléments figurés et de substances dissoutes, et que les
filtres poreux du système Chamberland (1) n'arrêtent que
les premiers, il faut d'autres dispositions pour retenir
également les secondes.

Ces dispositions sont réalisées dans les filtres du systèmes Maignen, qui utilisent pour cela les propriétés du
noir animal associé à des substances minérales : ici, une
préparation de chaux. Et les propriétés poreuses des filtres
du système Chamberland sont conservées dans le filtre du
système Maignen par la toile d'amiante. Mieux vaudrait.

---

(1) L'usage de ces filtres ne s'est pas répandu dans les colonies, en
raison de leur fragilité et de leur nettoyage difficile.

sans doute, une pâte d'amiante : la finesse des fibres d'amiante est excessive.

L'Académie des Sciences vient, cette année, de récompenser des filtres en biscuit d'amiante de M. Garros, que garantit une telle distinction, mais dans lesquels n'est pas faite, croyons-nous, cette association de substances agissant chimiquement et qui assurent, à nos yeux, l'avenir de la filtration hygiénique. M. A. Gautier, rapporteur de la Commission de l'Académie des Sciences, tout en faisant un grand éloge de ces filtres en biscuit d'amiante, insiste sur ce que, malgré l'extrême petitesse de leurs pores, ils n'opposent pas aux microbes une barrière infranchissable.

Sur cette question du filtrage, les plus recommandables de nos candidats du Concours s'en tiennent encore à l'*alunage* ou à l'*ébullition*, qui ne donnent pas l'un et l'autre toutes les garanties désirables.

Cette filtration de l'eau dans le filtre du ménage serait suffisante en toutes circonstances ; mais, pour l'hygiène urbaine, elle ne donnerait pas les mêmes garanties que la filtration en masse de l'eau de la rivière ou du fleuve en amont de sa distribution, par l'établissement de filtres à sable, soit sur le parcours de l'eau, soit dans le lit même du cours d'eau.

La filtration à domicile, au moyen des filtres chimiques, a cet avantage qu'elle permet d'utiliser pour la boisson des eaux de toute provenance et, pour ainsi dire, de toute nature, puisque, dans de bonnes conditions du filtre faciles à réaliser, en somme, l'eau qui en sort est chimiquement pure, quelle que soit sa composition à l'entrée. C'est une ressource précieuse, dans les cas où l'on se trouve réduit, en l'absence de source ou de cours d'eau, à l'eau des *lacs*, des *étangs*, des *mares*, ou à l'eau *pluviale*.

A leur défaut, il faut puiser l'eau des lacs et des étangs à distance des bords, de la surface et du fond ; c'est-à-dire au milieu, pour éviter les végétations ou « microorganismes » de toute nature ; et emménager l'eau des pluies de telle sorte qu'elle ait entraîné le moins possible de poussières atmosphériques dans son parcours des toits ou terrasses aux réservoirs, ou que, les ayant balayées sur son passage, elle ait pu les déposer par décantation, avant qu'on l'utilise. On disait jadis dans la marine, que l'eau des caisses à eau d'approvisionnement n'était bonne que si elle avait « pourri deux fois » ; il arrivait sans doute que des successions de germinations se détruisaient l'une par l'autre, ou par défaut d'aliments accaparés par l'une ou l'autre, dans la « concurrence vitale » et restituaient, en définitive, leur oxygène à l'eau.

Quoi qu'il en soit, il nous paraît que ces indications sont suffisantes ; mais, par le temps qui court, on ne saurait prendre trop de précautions pour se mettre à l'abri de cette épée de Damoclès : l'impureté de l'eau ; car la crainte de la contagion par l'eau est l'une des plus décourageantes. La sécurité absolue, ou relative, justifie bien la dépense d'un tuyau avec sa crépine allant puiser l'eau au milieu des lacs ou des étangs ; et des caisses à eau étanches, en tôle, pour emmagasiner l'eau pluviale recueillie des toitures.

Il sera bon, sans doute, d'organiser, dès le début, dans son ensemble, *le service des eaux*, de manière à desservir du même coup la boisson, les cuisines, les appareils d'hydrotérapie et de toilette, qui ont une importance particulière dans les pays chauds malariens ; le nettoyage du campement, les buanderies, les chaudières des machines, etc., bien que, dans l'usage, il soit utile de distinguer, au point de vue de la purification qu'elles devront subir, *les eaux de boissons ou de toilette, les eaux culinaires, les eaux industrielles*. En effet, les machines, les nettoyages, les buanderies peuvent utiliser la première eau venue ; les cuisines n'utilisent que des eaux ayant bouilli ; pour la toilette et la boisson, on n'emploie au contraire que des eaux froides, et, si le degré de pureté peut être inférieur dans le premier cas, l'emploi en ablutions d'une eau marécageuse ou de toute eau contaminée, n'est pas indifférent.

L'eau de pluie, pauvre en sel, est particulièrement propre au savonnage. Elle peut représenter, dans le campement, un adjuvant d'une grande importance ; pour le nettoyage même il n'est pas indifférent de voir circuler dans les campements une eau limpide ; « le plaisir de voir couler dans les rues une eau pure, fraîche et abondante, est une réelle jouissance pour l'homme le moins raffiné ; il serait étonnant que cette satisfaction ne contribuât pas à la santé, en même temps que l'eau balaye les immondices, fait tomber la poussière, rafraîchit l'atmosphère, etc. » (ARNOULD.)

Les évaluations de la quantité d'eau à fournir au campement, en pays chaud, peuvent être établies sur les bases suivantes :

1° *Hommes.* Par homme et par jour.

Boisson	3 litres.
Cuisson des aliments.	3 —
Lavage des ustensiles de cuisine .	3 —
Toilette corporelle	10 —
Entretien de la maison	10 —
Lessivage	15 —
Lieux d'aisance	20 —
Perte	26 —
TOTAL	90 litres.

2° *Chevaux.* Par cheval et par jour . . 60 litres.

3° *Arrosages.* Par surface de 100 mètres carrés.

a. Rues (une fois par jour)	100 litres.
b. Jardins (une fois tous les deux jours en moyenne)	50 —
TOTAL GÉNÉRAL	300 litres.

On voit l'utilité des filtres domestiques qui permettent d'utiliser sans distinction toutes les eaux à portée. A leur défaut, il faut prendre toutes les précautions recommandées pour la *collection* et le *captage* des eaux que l'on peut utiliser.

Une source étant découverte et l'eau analysée ou appréciée, comme il a été dit, il faut approfondir et isoler la source, dont l'eau sera collectée dans un réservoir maçonné et cimenté, placé à proximité et uni à elle par un conduit sur lequel s'aboucheront latéralement les canaux de sources voisines que l'on rencontre souvent dans les alentours et qu'il vaut mieux capter et collecter séparément, afin que la surveillance et l'inspection en soient plus faciles, dans le cas où l'on suspecterait ultérieurement l'eau du réservoir.

Les *puits* doivent être établis, en pays malarien, de manière que l'eau y pénètre le moins possible par des infiltrations latérales ; leurs parois seront maçonnées jusqu'à une certaine profondeur ; et le fond en serait avantageusement recouvert d'une couche épaisse de sable et d'une couche de cailloux, ou de fragments de roche inaltérables. De cette manière, ces puits ne recevront qu'une eau filtrée à son émergence, après l'avoir été déjà à travers le sol.

Il ne faut pas compter que les puits creusés au bord d'un cours d'eau, s'alimenteront de l'eau de ce cours d'eau. Il paraît démontré qu'ils s'alimenteront dans ce cas des eaux d'infiltration latérale dont le cours est déjà établi vers le ruisseau, la rivière ou le fleuve, qui sont les canaux naturels de drainage du sol environnant. Il est à craindre que la végétation n'envahisse ces puits à 20, 30 mètres même de profondeur. Il faut les nettoyer souvent, parce que le nettoyage fréquent est plus inoffensif.

Les *conduites d'eau* se font : *à ciel ouvert, en maçonnerie, en argile, en fonte, en plomb.*

Cette dernière substance, généralement condamnée par

les hygiénistes, ne peut cependant être suppléée pour le tuyautage domestique. On a reconnu que, dans la pratique, elle pouvait être inoffensive; mais il est toujours bon de laisser perdre la première eau qui aurait séjourné la nuit dans les conduites. Les filtres au charbon retiennent, d'ailleurs le plomb dissous.

Pour les *réservoirs*, au contraire, il faut proscrire d'une manière absolue le plomb et même le zinc, lorsque, du moins, l'on n'a pas de filtres chimiques à sa disposition.

III. — Le vêtement.

Pour le vêtement, en pays tempéré, il n'y a pas d'autre conseil à donner aux ouvriers que celui de se garder des intempéries, et qui se résume dans le port de la flanelle, même dans les contrées méridionales : « A l'imitation des habitants de l'Algérie, et encore de ceux des Maremmes italiennes, il serait utile de faire porter de la flanelle aux ouvriers; c'est là aussi un moyen à opposer au frisson initial, et à l'arrêt de l'action éliminatrice de la peau. » (L. Colin.) De bonnes chaussures ne seront pas non plus sans utilité pour préserver des maladies abdominales.

Dans les pays chauds, le costume de l'ouvrier noir est élémentaire. Il l'est trop. Les refroidissements ont une grande part dans les maladies mortelles des régions tropicales. Pour lui également, la flanelle est préservatrice; sans compter que le moindre vêtement exerce une influence salutaire pour le préserver de la dysenterie. Léon Colin a fait la même remarque pour les ceintures de flanelle en Algérie; et les Chinois, les Hindous, les Mulâtres ne sont pas moins sensibles au froid que le nègre. Il faut surveiller le costume des ouvriers de toute provenance et les forcer, par tous les moyens possibles, à se garantir du froid. Il n'est pas de navires de notre marine où l'usage des pantalons de drap, sous le pantalon de toile, ne soit imposé pour la nuit. « La ceinture, le soir, c'est, dit M. Ch. Simon (*Mém. cour*), « le pardessus des pays chauds ».

Le vêtement de l'Européen, en pays chaud, doit satisfaire aux conditions suivantes :

« 1° Protéger le corps contre les radiations solaires ;

» 2° Le maintenir dans des conditions de température modérée ;

» 3° Favoriser l'évaporation compensatrice qui s'opère à la surface de la peau ;

» 4° Prévenir les refroidissements trop brusques ou trop intenses, qui résultent soit de cette évaporation même, soit de l'abaissement de la température ambiante ;

» 5° Ne pas devenir pour le corps une cause nouvelle d'excitation par les frottements qu'il occasionne, et qui sont plus ou moins irritants, suivant la nature de l'étoffe et suivant la forme du vêtement. Ils le sont d'autant plus que les sueurs sont plus abondantes et que le prurit des éruptions cutanées est déjà intolérable ». (Ad. Nicolas.)

Dans les contrées où la transpiration est excessive, le costume le plus avantageux doit être établi dans les conditions suivantes :

1° Chemise de couleur en soie, laine ou coton, non empesée, avec ou sans gilet de flanelle, selon les habitudes antérieures et la sensibilité aux refroidissements. Ou mieux encore : chemise de couleur en laine, sans gilet de flanelle. Pas de cravate ;

2° Veston de flanelle bleue, sans gilet. Dans les marches militaires, M. Ch. Simon proscrit les poches de côté des vestons, ou des vareuses, qui gênent énormément la marche. A la capote, inutile en temps ordinaire et incommode en temps de pluies, il préfère la pèlerine, plus maniable et plus facile à porter. Il remplace le ceinturon par un baudrier de petite largeur, en toile ; la musette et le bidon,

portés également en sautoir, feraient pendant au sabre
de l'autre côté;

3° Pantalon de flanelle bleue sans caleçon;

4° Chapeau de paille à larges bords et haut fond, plutôt
raide que mou. Ou casque léger à haute cuve et larges
bords. Couvre-nuque léger et flottant;

5° Souliers découverts en cuir fort, pour l'usage
ordinaire. Brodequins avec jambières pour la marche en
forêt, dans l'herbe ou la brousse, afin de protéger contre
les insectes et, dans une certaine mesure, contre les
serpents;

6° Parasol.

Tous les vêtements doivent être amples.

On se munira, au départ, d'un approvisionnement qui
permettra de changer le linge de corps et même les vêtements extérieurs toutes les fois qu'ils seront mouillés par
la sueur, ou par la pluie.

Il ne faut jamais dormir le corps nu. Le meilleur vêtement de nuit est le gilet de flanelle sous le drap de lit.
Quand la sueur est excessive, on change toutes les fois
qu'on se réveille, en faisant, au préalable, une ablution
d'eau froide à l'éponge humide, le corps fût-il couvert de
sueur. Ce dernier conseil ne s'applique, toutefois, qu'aux
localités exceptionnelles et particulièrement malsaines, où
la sueur excessive se complique d'insomnie permanente.
Dans tous les cas, le drap sur le corps prévient les refroidissements qui résulteraient de l'évaporation plus ou
moins rapide à la surface du corps nu. Le pantalon dit
mauresque est un excellent vêtement pour le jour, dans la
maison; pour la nuit, il faut préférer le gilet de flanelle
qui protège suffisamment la poitrine et le ventre, qui est
suffisamment frais, et laisse toute liberté au tronc, sous
l'abri du drap de lit.

Les *femmes* et les *enfants* doivent renoncer aux modes
d'Europe, et il suffit de prescrire pour eux des vêtements
flottants et légers. Du corset, il vaut mieux ne rien dire;

tous les conseils seraient inutiles, en raison surtout de notre incompétence!

IV. — Travail. Genre de vie.

Tout le monde, à peu près, est d'accord sur les dangers d'un travail excessif dans les pays chauds. Cependant. un explorateur, Fréd. Elton, mort d'ailleurs d'insolation, émettait l'opinion que l'exercice jusqu'à la fatigue pouvait favoriser l'élimination du miasme, et que les malaises de l'arrivée sont le résultat et la preuve des efforts que fait l'organisme pour se débarrasser du poison qui, finalement, produit la fièvre.

La vérité est que les conséquences du surmenage musculaire sont, dans les pays chauds, bien plus graves qu'ailleurs, et nous pensons que la singulière réaction présentée par les compagnons de Stanley à Saint-Paul-de Loanda, après la campagne extraordinaire de la première exploration du Congo, n'a jamais été observée ailleurs, même à la suite des batailles à l'arme blanche du Moyen âge et des marches de l'épopée Napoléonienne, qui réalisent, croyons-nous, le maximum de fatigue humaine supportable. La cause en est, sans doute, que dans la « sylve » on subit en plus l'énervement d'une chaleur étouffante, et l'ennui, au lieu de la griserie héroïque des « soldats de l'an II ».

La vérité est encore que les débauches d'exercice de l'arrivée sont des causes de mort d'observation banale.

On est à peu près d'accord, également, sur l'utilité d'un exercice raisonnable. D'après le Dr Livingstone, le meilleur moyen de prévenir la fièvre est une vie active, un travail intéressant, une nourriture abondante et saine, sans excès de table.

Mais tout le monde aussi, serait disposé à réduire le plus

possible la dose de travail. « Dans toutes mes courses, dit le Dr Scheiwnfurth, j'ai toujours eu soin de ne rien omettre de ce qui pouvait, sans grosse dépense, contribuer à la réparation de mes forces. Plus le voyageur s'épargne de fatigue, plus il est capable de remplir sa tâche. »

Malheureusement, l'industrie est plus exigeante ; et, tout en nous accordant qu'il faut réparer par une bonne alimentation les forces qu'elle épuise, elle ne peut se dégager de la situation paradoxale qui est sa raison d'être : alors que le climat imposerait le repos, la colonisation industrielle exige le travail.

De tout temps, on a passé outre. Depuis Balboa, Davila et Pizarre, jusqu'au général Wolseley et au colonel Dodds, des expéditions militaires ont bravé la fatigue mortelle de la zone équinoxiale ; et, si l'industrie ne trouve pas avec la même facilité des contingents de dix, vingt, trente mille hommes disposés à l'entreprendre, les volontaires ne lui manquent pas non plus : ce n'est qu'une affaire d'argent.

Nous sommes tous d'accord, surtout, pour interdire aux Blancs d'Europe le travail du sol. Mais, nous avons vu que les autres races étaient souvent moins résistantes que la nôtre ; et, si on les préfère, c'est que le déchet s'y remarque moins. Observons, d'ailleurs, que les dangers de ce travail ne sont pas particuliers aux pays chauds, non plus que les inconvénients de la résidence en pays malarien. La population est plus clairsemée aux bouches du Danube qu'aux bouches de l'Adige et du Pô, de la Plata, de l'Amazone et du Niger ; — les États-Unis développent l'activité qu'on sait entre 49° et 25° de latitude nord ; ils ont hardiment colonisé le delta du Mississipi, à la latitude d'El Goléa et d'Ouargla ; — la zone tropicale englobe Angcor et Palenque ; les tertres des *Mount-Builders* et les hypogées d'Éléphantine et d'Ellora ; les temples, les palais, les labyrinthes des Incas et des Aztèques ; — Thèbes, Memphis, Palmyre, Babylone, Ninive, Bactres, Samarcande nous rappellent des civilisations monumentales qui maniaient et remaniaient sans scrupules le sol plus ou moins fébrigène des déserts de Libye, de Syrie, de la Caspienne et de l'Oural; les vallées aujourd'hui inhabitables de l'Euphrate et du Tigre. Sans doute, ces régions ont changé; et les travaux prodigieux dont les vestiges, ou le souvenir, nous étonnent encore, ne s'accomplissaient pas sans morts d'hommes; cependant, la malaria respectait-elle alors plus qu'elle ne le ferait aujourd'hui les Empereurs et les Rois directeurs de ces entreprises? Et si les races indigènes qui les menaient à bonne fin résistaient alors à la chaleur et à la fièvre, pourquoi sont-elles aujourd'hui décimées comme nous dans les mêmes régions? D'ailleurs, notre race caucasique n'y est pas demeurée complètement étrangère; tout porte à croire, au contraire, qu'elle a, dès lors, présenté des qualités supérieures dans la résistance climatérique, comme dans la conquête; et qu'au temps des Sémiramis, comme au temps des Stanley, l'Arabe ou l'Arménien étaient supérieurs au nègre. .

Ces dernières contrées, du moins, nous fournissent un enseignement : l'importance de l'assainissement du sol au début de l'entreprise. La canalisation, l'endiguement, l'irrigation, l'emménagement de l'eau étaient pratiqués des Babyloniens et des Égyptiens à l'égal d'un culte; et la civilisation a disparu de ces régions avec la culture, du jour où les digues rompues par l'inondation n'ont plus été relevées. C'est un vice rédhibitoire, pour une grande entreprise coloniale, de ne pas faire dans la réunion des premiers capitaux une large part à l'assainissement et à l'hygiène. Le premier établissement est le plus coûteux et surtout le moins rémunérateur, de ce fait seul; tenter des entreprises pareilles avec des émissions au jour le jour, c'est courir volontairement au-devant d'un échec; et si l'on veut être assuré de combler plus tard les premiers vides que feront les décès, ou les rapatriements, dans les rangs des contingents d'amorce, il faut les prévoir.

Cela posé, le travail aux colonies devra être modéré; le repos du milieu du jour doit être prolongé en raison de la chaleur même à l'intérieur du bureau, de l'atelier et de l'usine; même pour le travail intellectuel. On n'exposera jamais l'ouvrier, noir ou blanc, aux pluies torrentielles de l'hivernage : le noir en a, d'ailleurs, une terreur salutaire; on ménagera des abris à proximité des chantiers, et l'on exigera le changement des vêtements mouillés, avant la reprise du travail. La durée de ce repos méridien peut varier suivant la contrée; mais, nous ne sommes plus aux temps où le médecin devait insister pour l'obtenir. Quand on est libre de ses actes, il faut savoir se ménager des repos dans le cours du travail assidu. Il faut toujours s'arrêter en deçà de la fatigue. Il faut savoir capituler avec le climat tropical, avec le soleil et la chaleur en toute contrée, en se tenant dans un juste milieu entre la nonchalance dépressive et le surmenage ici précoce. Sans doute, les grandes choses accomplies dans les explorations l'ont été au prix de grands efforts. L'énergie morale doit s'y appuyer sur une énergie physique à toute épreuve. C'est peine perdue que de recommander la prudence à des hommes qu'emporte l'ardeur des découvertes, qu'une marche forcée conduit à la conquête et à la gloire, qui fuient devant des cannibales. Cependant, il est bon de leur rappeler, quand même, le vieux proverbe italien : *chi va piano va sano, e... lontano*, qui n'est nulle part mieux approprié dans toute sa teneur. Le surmenage donne lieu à des douleurs musculaires qui ne sont pas sans analogie avec celles des fièvres graves ; en tout cas, la fatigue excessive aggrave la fièvre et y prédispose.

Que faire pendant le repos de midi, à moins que l'on ne dorme? Nous avons connu des journées où la lecture même fatiguait à cette heure de la *sieste*, que nous n'hésitons pas à conseiller; et, à cet égard, c'est à peine si parmi nos candidats nous enregistrons deux opinions contraires : encore ne sont-elles guère motivées que par des répugnances personnelles. Tout partisan que nous en soyons, toutefois, nous admettrons ces exceptions : la sieste alourdit un peu ; et, si des hommes jeunes, par des températures qui ne sont pas excessives, secouent aisément cette torpeur, les gens plus âgés, dans les journées orageuses des localités embrumées de la zone équinoxiale, travailleront plus aisément s'ils s'en laissent moins envahir. Dans ces conditions, le sommeil accable.

Ce n'est cependant pas à la sieste qu'il faut imputer cet état de nonchalance physique et mentale qui caractérise le colon de certaines colonies au bout d'un séjour prolongé. Mitchinson l'attribue, avec raison, peut-être, au défaut d'exercice de la pensée : il faut, dit-il, forcer son esprit à penser, à réfléchir, à comparer, à se souvenir, pour lutter contre la monotonie de la vie tropicale. C'est bien facile à dire ; mais peut-on espérer que le résident africain, le bureaucrate, le militaire, le voyageur, conservent la même activité d'esprit que le boulevardier ? A voir toujours les mêmes objets, à faire toujours les mêmes choses, l'esprit radote. Le voyageur n'a pas conscience du temps : son calendrier s'affole. Quand Livingstone fut rencontré par Stanley, il était en avance de plusieurs semaines sur la date réelle. Stanley, lui, s'était laissé arriérer. Comment espérer que le travail le plus assidu tiendra l'esprit en éveil autant que tous ces événements politiques, scientifiques, industriels qui nous le fouettent au jour le jour en pays civilisé, autant même que les mille niaiseries de la vie mondaine qui donnent au Parisien son bagout, et à la Parisienne sa mine éveillée ?

L'essentiel est d'éviter l'*ennui* maussade et chagrin qui paralyse l'innervation, et se reflète sur l'entourage. Pour cela, il ne faut négliger aucune distraction : se distraire n'est pas toujours s'amuser, c'est changer d'occupation et de préoccupation ; et cette diversion est *toujours* salutaire. On le peut toujours, quand on le veut bien.

« Nous garderons une reconnaissance éternelle au *jeu de quilles*, le passe-temps favori du *Magellan*, pendant quatre hivernages sur la plage de *Sacrificios*, entre des roseaux et des tombes, après la promenade le long des récifs, à la recherche des haches préhistoriques et des strombes. » (Ad. NICOLAS.) L'*escrime*, le *lawn-tennis*, la *gymnastique* ont leurs partisans, comme l'*équitation* et la *chasse*. A ces jeux, ou exercices fatigants, nous préférons la *promenade à pied* et le *canotage*.

La *chasse*, mérite une mention spéciale. Nos candidats s'accordent assez généralement pour l'interdire, en dehors de cas spéciaux : « Elle a causé bien des insolations, des dysenteries et des diarrhées » (F. ROUX, *Mém. cour.*); elle a surtout l'inconvénient d'exposer aux effluves des marécages et, quand on passe la nuit ou la soirée dehors, aux refroidissements et aux miasmes qui surchargent l'humidité vespérale ou nocturne.

Il en serait de même de la *pêche* au bord des lagunes, ou des eaux marécageuses.

Tout condamne le *jeu*, cette plaie des résidences coloniales et des pays neufs, ou vieux, du nouveau Monde : surexcitation maladive, chagrin des pertes d'argent, confinement dans des locaux empestés de sueur et de fumée... et pas d'excuse !

Nous en dirons presque autant du *bal*. Il faut du courage pour danser, même la *habanera* qui n'est pas, il est vrai, sans compensations; et qui est bien, à tous les points de vue, « la véritable danse des pays chauds ». (NAVARRE, *Mém. cour.*)

Que dire de ces *compensations* que la danse procure, provoque ou rappelle? Est-il vrai que les pays chauds stimulent l'instinct génital? Ou ne faut-il pas tenir grand compte de la facilité que l'on trouve à le satisfaire? Nos candidats se sont montrés assez rigoristes, aussi bien en Algérie que sous les tropiques; et les auteurs qui en ont traité sont assez divisés. NIELLY considère » que la fonction de génération est, pour l'Européen, l'une de celles dont il faut impérieusement proscrire l'abus; la conservation de la santé, ajoute-t-il, est étroitement liée à cette prescription de l'hygiène individuelle, car l'excès sexuel est une des causes les plus puissantes de la débilitation organique dans la zone intertropicale. » La plupart de nos candidats sont de cet avis; M. Ch. SIMON (Mém. cour.) fait même la remarque « que le coït pratiqué avec une femme de couleur est particulièrement fatigant. »

« Nos souvenirs des tropiques nous ont laissé des impressions un peu différentes. Que la chaleur en soit ou non la cause, l'Afrique, en particulier (et cela jugerait la question de couleur), nous a paru l'une des contrées du globe où l'instinct génésique est le plus surexcité ». (Ad. NICOLAS.)

En somme la fatigue du plaisir est en raison inverse de l'attrait; il y a beaucoup de différences à cet égard entre une créole des Antilles et une Annamite; il est bon de savoir surtout que l'on a beaucoup exagéré la chance de contamination syphilitique dans les contrées où n'a pas pénétré la civilisation. « Ici les femmes sont moins belles; mais, quoique déflorées de bonne heure, elles restent, dans la plupart des localités de l'Afrique sauvage, vierges de syphilis. » C'était l'avis de Livingstone. Moins savoureux, le fruit défendu est aussi moins perfide. Assurément, à ne considérer que les lois de l'hygiène, le besoin génital demande satisfaction comme tous les besoins naturels; mais, ici comme ailleurs, la fonction de reproduction est, au point de vue individuel, une fonction subalterne que l'on peut laisser sommeiller sans péril; l'explorateur des pays nègres, si hospitaliers sous ce rapport (et le colon de toutes les colonies) décidera dans quelle mesure il lui convient de laisser fléchir la morale de nos sociétés d'Europe, et d'élargir la sphère de ses distractions ou de ses plaisirs légitimes. Et le conseil d'user sans abuser n'est nulle part plus de mise.

Tous les hygiénistes recommandent vivement l'usage habituel des *bains frais*, dans les pays chauds, sous la réserve de ne pas les prendre à une température trop basse. Au-dessous de 20 à 25 degrés, ils pourraient produire des mouvements de concentration trop énergiques, un reflux du sang vers les organes centraux, et le développement de diarrhées incoercibles ou de congestions du foie qui seraient un premier pas vers l'hépatite toujours menaçante. Même les bains frais ne seront pas prolongés au delà de cinq ou dix minutes, hors le cas où ils sont passés en habitude quotidienne.

Les éruptions cutanées accidentelles *(bourbouilles)* ne sont pas une contre-indication des bains froids.

Le climat n'est pas non plus une contre-indication du bain tiède. « D'abord il peut être donné à tout le monde sans inconvénient. Il présente ensuite l'avantage de mieux nettoyer la peau. Il est suivi d'une sensation de bien-être et de fraîcheur, qui persiste quelque temps. Enfin, il n'expose pas aux congestions comme la douche froide. (F. Roux. *Mém. cour.*)

A la *douche froide*, nous préférons l'*ablution à l'éponge*, qui a l'avantage de pouvoir se renouveler à volonté, et n'exige pas une énorme dépense d'eau comme la douche. « La douche froide est loin de convenir à tout le monde. Les Anglais, qui en ont été les grands propagateurs, ont fini par en reconnaître eux-mêmes les inconvénients. Le premier est que la douche froide est loin de rafraîchir, comme on le croit. Elle est au contraire souvent suivie d'une sensation de chaleur plus intense qu'avant son administration. De plus, fait plus grave, chez un grand nombre de sujets, principalement chez les arthritiques, elle expose à des congestions, dont la plus fréquente est la congestion hépatique. » (F. Roux, *Mém. cour.*)

Il faut convenir cependant, que la douche froide rafraîchit considérablement sur le moment. Mais l'ablution qui rafraîchit moins n'est pas suivie de la même réaction inverse. Et il n'est pas nécessaire de la faire à grande cau : le fameux *tub* est un meuble superflu.

L'heure du *lever* est rarement facultative, et dépend des règlements de service et des occupations personnelles. Il n'est pas mauvais de prolonger le séjour au lit, si l'on dort, après les nuits d'insomnie qui sont si fréquentes sous certains climats, dans la saison chaude. Le sommeil du matin, quoique lourd, n'en est pas moins réparateur.

De même, si l'on en a la liberté, il ne faut pas se hâter de *sortir le matin*, dans les contrées malariennes, avant que le brouillard soit dissipé. Le premier rayonnement du sol, sous l'influence de la chaleur matinale, entraîne, avec les vapeurs, les miasmes qui s'y sont déposés pendant la nuit; et, par la raison contraire, la promenade trop tardive *le soir* est également dangereuse. Au contraire, dans les pays chauds non malariens, la promenade du soir délasse et réconforte. Il faut, sur ces deux points, prendre conseil des indigènes; et, en général, le genre de vie se règle sur les usages du pays, sur la température, la saison, la latitude, la localité, les ressources mondaines, etc. Conseiller de se coucher de bonne heure quand tout le monde s'amuse, c'est prêcher dans le désert; mais on ne saurait trop insister sur la nécessité d'une vie régulière; et, à ce sujet, nous relevons dans nos Mémoires le fait de la longévité attribuée dans les pays chauds aux « religieuses du Sénégal » (HENRY), et aux « missionnaires en général » (ROBLOT).

Comme nous ne pouvons supposer un établissement colonial sans médecin, nous laissons de côté les questions purement médicales, nous bornant à recommander la *quinine préventive*, dans les pays malariens, à la dose de 10 à 25 centigrammes par jour, à prendre soit avant l'arrivée d'Europe, soit pendant les premiers jours de l'arrivée, soit en temps d'épidémie.

Nous serions bien tenté, comme le Dr NAVARRE, d'ouvrir, pour terminer, un chapitre de critique sur l'*admi-*

nistration coloniale, telle qu'elle est comprise en France N'ayant pas fait entrer dans notre programme la colonisation d'État, nous sommes heureux que cette restriction nous en dispense.

Nous n'ajouterons plus qu'un mot sur l'importance de l'hygiène morale dans une entreprise de colonisation. Sans doute, le tableau n'est pas toujours aussi sombre que les pages qui précèdent tendraient à le faire croire. En dehors de la malaria et de certaines conditions dépressives heureusement circonscrites sur le globe, les pays chauds sont un charmant séjour. Mais les conditions sont encore suffisantes pour ébranler des caractères faibles. « Des émigrants d'occasion sont faciles à décourager; et qui n'a pas éprouvé quelque frisson ou quelque amer regret du pays ou de la famille, aux premières balles, aux premières tempêtes, et dans les jours sombres des épidémies meurtrières, où les plus stoïques échangeaient à voix basse les mauvaises nouvelles du campement? Mais il n'est pas rare, heureusement, de voir la bravoure morale surmonter la peur physique; et le stoïcisme est certainement une sauvegarde. A cet égard, si les distractions sont difficiles à improviser dans l'isolement, en plein pays désert, les chefs du campement doivent savoir apprécier combien la *discipline* est moralisatrice et, si l'on peut dire, hygiénique. Les fanfaronnades de la débauche ont de mornes lendemains. C'est surtout le sentiment du devoir qui fait l'homme intrépide ». (Ad. Nicolas.)

TABLE DES MATIÈRES

IMPRIMERIE CENTRALE DES CHEMINS DE FER.
IMPRIMERIE CHAIX, RUE BERGÈRE, 20, PARIS. — 5820-4-94. — (Encre Lorilleux).